阅读成就思想……

Read to Achieve

THE NeXT

互联网商业的下半场

打造以**人性为圆心**、**以科技为半径**的商业模式

陈禹安◎著

中国人民大学出版社
· 北京 ·

图书在版编目（CIP）数据

互联网商业的下半场：打造以人性为圆心、以科技为半径的商业模式 / 陈禹安著. —北京：中国人民大学出版社，2017.9
ISBN 978-7-300-24869-1

Ⅰ. ①互… Ⅱ. ①陈… Ⅲ. ①网络营销—商业模式 Ⅳ. ① F713.365.2

中国版本图书馆 CIP 数据核字（2017）第 199769 号

互联网商业的下半场：打造以人性为圆心、以科技为半径的商业模式
陈禹安 著
Hulianwang Shangye de Xiabanchang: Dazao yi Renxing wei Yuanxin、yi Keji wei Banjing de Shangye Moshi

出版发行	中国人民大学出版社	
社　　址	北京中关村大街 31 号	邮政编码　100080
电　　话	010-62511242（总编室）	010-62511770（质管部）
	010-82501766（邮购部）	010-62514148（门市部）
	010-62515195（发行公司）	010-62515275（盗版举报）
网　　址	http://www.crup.com.cn	
	http://www.ttrnet.com（人大教研网）	
经　　销	新华书店	
印　　刷	北京中印联印务有限公司	
规　　格	170mm×230mm　16 开本	版　次　2017 年 9 月第 1 版
印　　张	14　插页 1	印　次　2018 年 3 月第 2 次印刷
字　　数	150 000	定　价　55.00 元

版权所有　　侵权必究　　印装差错　　负责调换

前 言

近来有一种说法十分流行,说是中国的互联网进入了下半场。这一说法的背景是互联网的人口红利和流量红利已经消失,绝大部分的人已经成为网民,再靠简单的规模拉动已经无法支撑各种互联网商业模式的指数级增长了。互联网的世界确实已经到了分水岭。

那么,所谓的互联网下半场到底是怎么样的呢?只有搞清楚了这个问题,才有可能顺应这一巨大的背景性变化而取得当下及未来的成功。

从我对互联网技术及商业的连续性观察来看,互联网的下半场和上半场有着本质上的区别。

互联网的上半场可以说是以技术为圆心、以资本为半径来画互联网商业这个圆圈的。在互联网初兴之际,人们对于互联网科技的陌生感、神秘感和不确定感,营造出了一个认知上的巨大的模糊情境。

心理学的研究表明,在明确情境下,人们按各自大脑中的思维等号行事,各安其分。但是,在模糊情境下,人们头脑中因没有可以用于指导行为的思维等号，故而只能向外界寻求，以他人的言行作为从众的标准，这在相当大的程度上可以说就是盲从。互联网的颠覆性实在太大了，就连业内人士也没有完全摸透其规律与走向。但他们在风险投资的强力支撑下，推出的各种试探性的商业模式、产品服务却因为社会缺乏真正正确的规范，轻而易举地吸引了众多的模仿者和追随者。

某种程度上，这也是一茬茬的互联网商业模式倏忽而兴、倏忽而亡的本质原因。而作为消费者的无知大众，则别无选择地在一轮轮的商业兴替中随波逐流。

在这样的商业情境下，互联网商业只是按照科技的节奏快速奔行，并不怎么尊重消费者作为人的人性，甚至很多公司为了攫取一时之暴利而滥用人性。

受淘宝"双十一"刺激的买家在买多了之后用不着，便有为买家"量身定做"的闲鱼社区作二手处理。这样的买卖一条龙真的是贴心的服务吗？

靠着一夜情而兴起的社交服务，是不是真的帮用户解决了情感刚需了呢？

"羊毛出在猪身上，狗来买单"的免费模式，在培养出了顾客的恶性依赖后，是不是真的能天长地久？

……

而当互联网进入了下半场，消费者经过百转千折的历练教育，摆脱了对互联网商业的陌生感、不适感后，一切都改变了。

美团创始人王兴也许是最早感知到这种变化的互联网大咖之一。最近，在"经济100人"论坛上，王兴谈到了互联网下半场的三大机会，分别是上天、入地、全球化。所谓的"上天"，是指高科技与各行各业的结合；"入地"是指根据客户需求，根据新的场景和模式，从体验、成本上去创造价值；"全球化"则是指利用互联网的无边界性，走出国门，在全球范围内开展业务。

抛开"全球化"不说，从更本质的层面来看，所谓的"上天""入地"，就意味着互联网下半场的圆圈不仅必须以人性为圆心、以科技为半径，还必须从根本上重视消费者作为人的基本属性，从感性的层面去理解他们的需求。

以技术为圆心，技术是冰冷的、理性的，光靠风险投资拉动的商业模式未必能引发消费者的持续共鸣。以人性为圆心、人性是温暖的、感性的，在击中了消费者的情感软肋后，技术才能发挥出真正的价值。

由此可见，互联网的上下半场存在着本质上的区别。这种区别之大，甚至大到可以从主客易位的角度来看待。

互联网的上半场，可以说是科技公司的主场，顾客们听凭技术的指引而盲目跟从。而互联网的下半场，则是消费者的主场，已经觉醒了的消费者们不再是任由支配的羔羊了，而是很清晰地知道自己有着什么样的需求，偏好什么样的满足。

对于互联网公司（以及越来越借助互联网技术的传统公司）来说，充满技术优势的上半场结束之后，它们不得不面对以顾客为中心、以人性为主导的下半场比赛了。它们该何去何从？

作为一名心理学研究者和互联网观察者，我持续而密切地关注互联网商业的发展，并将相关的思考诉诸笔端。

在本书中，我将从人性心理的高度、情绪情感的角度，对互联网大环境下的消费者展开共情式的洞察，对商业进行本质性的深究，提出了诸如"完整顾客""产品膨胀""技术情商""玩家意识""粉丝迷恋周期""自恋效应""道具思维""疗愈式营销""O2O能耗平衡论""共享经济新货币""大数据污染"等一系列趋势性的理论研判。尽管这些观点从不同侧面展开并加以论述，但读者读后却有浑然一体的感觉。

所以，这本书可以说是2015年至2016年这两年间，我对于互联网商业的一份全景式观察报告，是心理学、互联网和商业这三者的交叠呈现。希望这些观点能够为企业运营者提供参考与指引，使其更好地了解、适应互联网的下半场，激发创意与灵感，开创更加美好的商业未来。

2017年夏于别馆13B

目 录

第 1 章　完整顾客：消费者进化的未来趋势　•　001

顾客作为一个完整的人，其需求必然是完整的，即渴望自己能够以认知能耗及行为能耗最低的方式获得完整性的需求满足。顾客在某一商家或某一平台上能多大程度满足自己的多元需求。或者说，某一商家或某一平台能在多大程度上让顾客趋向完整。顾客非常愿意将自己的需求集中到更少的合格供应者身上，以节省在选择上的认知能量消耗。因此，每个商家都要看到消费者的这一趋势。

电商巨头的两大新闻　•　001
顾客割裂的原因　•　004
完整顾客的定义　•　005
重新解读两大新闻　•　007
更多的例证　•　009
消费者的进化趋势　•　013

第 2 章　产品膨胀：互联网时代的全新产品观　•　015

在技术壁垒日渐羸弱的今天，同质化的产品极度过剩。产品只有向着外延的内涵化或外延内涵一体化的方向演进，向着动态延展的方向演进，从而形成产品膨胀，才有可能赢得消费者的芳心。

褚橙的故事 • 016

锤子与玫瑰 • 018

第二层次的产品膨胀 • 021

颠覆产品的定义 • 024

第3章 技术情商：未来产品必备的核心能力 • 025

产品的设计都是功能导向的，设计者和生产者往往注重各类技术参数的不断提升。但是在技术情商的大趋势下，取而代之的将是情感导向的产品设计战略观，未来的产品必须具备与用户的每一使用时刻的情感状态相呼应的调适性，才有望立足并赢得未来。

什么是技术情商 • 025

已经落后的质疑 • 027

技术情商的现实价值 • 029

如何因应大趋势 • 032

第4章 玩家意识：消费者身份意识的迭代演变 • 035

消费者已经从最初的"顾客"，先是演变成了"用户"，进而成了"玩家"。三者分别代表着完全不同的消费心智模式。商家只有也具备了"玩家意识"，才能与新时代的消费者同频共振，共创未来，而决不能一本正经地板起脸来，与玩家大唱反调。

"Duang"与"Are you OK？" • 035

顾客、用户与玩家 • 038

庄家、专家与玩家 • 040

联想的危机 • 043

联想与小米的对比 • 047

联想与华为的对比 • 048

第5章　玩家路径：多元化战略的制胜之道 • 051

在消费者身份从"用户"转化为"玩家"的当下，好玩的特质适用于任何品牌，好玩的调性可以贯通任何产品。企业及品牌必须具备"玩家意识"，超越"定位论"的限制，才可以在多元化战略上取得更大的成功。

日化行业的教训 • 051

意外还是例外 • 053

维珍的秘密 • 055

大玩家布兰森 • 057

多元化的玩家路径 • 060

第6章　道具思维：自恋时代的战略新思维 • 065

如果一件商品能够满足消费者的基本功能性需求，能为消费者带来某种独特的情感体验，并且还能够让购买它的消费者对外呈现出独特的品位、素养，乃至身份、地位以及其所属的阶层，那么这件商品就具备了工具价值、玩具价值和道具价值。商业运营者在工具思维和玩具思维之外，还必须具备道具思维，才能较为完整地掌握消费者的购物心理。

产品的价值维度 • 065

道具思维的定义 • 066

苹果手机的价值危机 • 068

小米落后的真相 • 069

风光不再的优步 • 071

普适性的应用 • 072

第7章　自恋驱动：粉丝经济的本质与未来 • 075

互联网的发展极大地激发出了顾客的自恋需求，而自恋驱动则是粉丝经济的本质要素。绝大多数人无法通过内心的修炼塑造出一个理想化的自我，只能将内心的期望投射于外，借助于外力、外物的帮助来塑造理想化的自我。如果一家公司或一个品牌能够通过自己的产品或品牌的价值传输加持，帮助顾客成功塑造出理想化的自我，顾客怎么会不成为你的忠诚粉丝呢？

强力释放的自恋 • 075

自恋驱动粉丝经济 • 077

自恋悖论 • 080

粉丝经济的本质 • 082

第8章　粉丝激励：粉丝忠诚度的维护秘诀 • 083

在互联网的世界里，"粉丝迷恋周期"则以"月"甚至以"日""小时"来计算，但如果我们能够善用匹配法则、变化法则、及时法则、公开法则、足额法则这5条基于粉丝心理驱动机制的激励法则，还是能够力争让粉丝迷恋周期变得更长一些的。

匹配法则 • 084

变化法则 • 087

及时法则 • 089

公开法则 • 089

足额法则 • 090

激励法则的综合运用 • 091

第9章 迷恋周期：产品生命周期的颠覆演进 • 093

在这个倍速增长的顾客掌权时代，传统的"产品生命周期"被"粉丝迷恋周期"大肆压缩，紧随"迷恋期"的就是"衰退期"。那种坐等创新者完成市场教化与培育后，再在产品的成长期切入竞争，坐享其成的做法可能行不通了。企业与厂商只能努力适应"粉丝"的力量与选择，大量采用微创新，实现快速迭代。

急剧缩水的产品生命周期 • 093

短暂的粉丝迷恋周期 • 095

苹果曾经的代价 • 096

覆巢之下难有完卵 • 099

第10章 节能迁移：顾客消费习惯的变革模式 • 101

科学研究表明，凡是有可能偷懒的，我们人类大脑都会偷懒以尽可能地节省能耗。除非迫不得已，大脑不会开启"耗能模式"。只有让基于互联网新技术的创新成为"节能型创新"，只有让顾客对这些创新产生"节能型共鸣"，其商业化的道路才能如水就势，事半功倍。

滴滴与快的的探索 • 101

支付宝的大促销 • 104

大脑的"节能模式"运作机制 · 105

高效开启"节能模式" · 108

节能与耗能的相对性 · 110

从"节能型创新"到"节能型共鸣" · 111

节能化迁移的三条法则 · 113

第 11 章 能耗平衡：O2O 商业模式的成功命脉 · 115

任何一个成功的、可持续发展的商业模式，一定是一个有着相对独立边界的能量平衡系统。好的商业模式往往胜在"以己之重换用户之轻"，即用自身的高能耗来换取用户的低能耗，从而增加用户的体验感与黏度。但是，如果用户之轻无法创造可观的运营利润，从而有效弥补商家之重，能量失衡的系统必定归于烟消云散。要想取得消费者与商家之间的能耗平衡，很重要的一点就是想方设法降低商业模式供给端的能耗。

O2O 模式的能耗命门 · 116

重新定义综合成本 · 120

衡量 O2O 能耗的六个维度 · 121

O2O 成功的两大法则 · 125

O2O 能耗平衡法则的应用 · 132

第 12 章 疗愈营销：全球营销的情感趋向 · 135

疗愈性需求作为一种精神层面的需求，是在物质丰沛、用户掌权的互联网时代大背景下凸显出来的。饱受心理困扰的现代人将会越来越需要具备一定精神疗愈效果的产品，未来的营销必须具备针对消费者情感的识别、呼应以及疗愈的能力，而这正是营销人努力的方向及机会。

疗愈性需求成为一种现实 • 136

顾客的三类需求 • 137

褚橙火爆的背后 • 138

褚橙的产品疗愈性 • 141

人人都有精神抚慰需求 • 142

第13章　共享货币：使用权经济的支付革命 • 145

在传统的商业经济架构下，人们为了获得使用权，必须拥有所有权。但在移动互联网新技术的推动下，所有权经济的商品交换模式被共享经济所颠覆，时间货币、隐私货币和金钱货币所代表的新货币就突破了单一的金钱而有了全新的定义与表现形式。

新货币的出现 • 145

时间货币 • 146

隐私货币 • 148

金钱货币 • 150

新货币的社交属性 • 151

第14章　独享陷阱：共享经济的路径性误区 • 153

共享经济立足于将分布式的社会化闲置资源通过互联网平台的匹配精算，以最小的成本对接供需双方，从而实现个性化的规模经济。但要实现这一点，关键点在于供给端的"服务的专业化"和"身份的非职业化"，否则其整体运营日益陷入"以补贴换市场→以融资托补贴→以补贴换市场"的恶性循环之中而难以自拔。

一个简单的数学模式 • 153

到底什么是共享经济 • 157

独享陷阱的路径性误区 • 159

真正的共享模式 • 162

第15章 场景跨越：商业场所的革命性变迁 • 167

在移动互联网大背景下，在"娱乐至死"的互联网精神加持下，场景应是一种玩具性的存在，是生发故事、激发情绪的场所。所有的产品或服务只有经由场景再造，才能为顾客提供随时随地、即时即刻、完美匹配的极致体验感。

场景与场所的一字之差 • 167

想象空间的价值 • 169

场景的定义 • 171

主人与客人 • 172

要成为场景设计师 • 173

场景与上帝 • 174

场景的革命性案例 • 175

第16章 大数据管理：破除管理幅度怪圈的秘籍 • 181

任何一位管理者能够直接管理的下属人数都是有限的，互联网与大数据技术的发展使我们得以窥见管理幅度怪圈背后的秘密，从而有望打破怪圈，使组织在更为广袤的时空范围内大规模且有效地协调人力资源成为可能。

难破的管理幅度怪圈 • 181

寻找红气球的 200 万大军 • 183

什么在影响集体智能 • 185

第 17 章　大数据污染：用户画像的准确性质疑 • 189

互联网技术与大数据应用无疑是大势所趋，未来的商业必然是向着极度精准化的方向演进的。针对任何数据的分析、评估、研判乃至具体的应用，首先就要明确数据的身份归属。如果数据不是由某个确定的单一个体产生的，显然就无法依据这种被污染了的数据来做出正确的分析、合理的判断。

粗疏的数据解读 • 189

数据身份错位 • 190

数据身份共享 • 192

用户画像的失真 • 193

第 18 章　重新定义广告：受众注意力的时间竞赛 • 197

在移动互联网时代，不可胜数的自媒体开始出现，同时信息越发趋于大爆炸，消费者的时间被无可逆转地碎片化了。广告则必须与载体合而为一个完整的整体，才有可能牢牢抓住消费者的注意力。

广告发展的三个阶段 • 197

消费者心理的重大变化 • 199

好玩才是方法论 • 200

揭秘《奇葩说》 • 202

两大制约因素 • 206

第1章　完整顾客：消费者进化的未来趋势

在互联网商业大行其道的时代，对于电商巨头阿里巴巴和亚马逊的一举一动，我们必须予以高度关注，而不是从一般性商业竞争的角度进行解读。

如果我们足够敏锐的话，完全可以从中发现一些移动互联网时代消费者进化趋势若隐若现的蛛丝马迹。

电商巨头的两大新闻

为了阐明这一不易觉察的未来趋势，我们首先花点笔墨描述一下这两个新闻事件。

2015年3月5日，亚马逊中国旗舰店正式入驻阿里巴巴旗下的天猫商城。这家旗舰店的经营范围虽非全品类，而是仅限于"进口直采"业务，主要品类为食品、女鞋、玩具母婴及厨具，但这个重磅消息还是震惊了业界。[1]

---

[1] 资料来源：http://www.chinadaily.com.cn/hqcj/xfly/2015-03-06/content_13332093.html。

这一幕剧情简直就像是荒诞的现实玄幻剧，让人极为意外！

这不但是亚马逊的品牌自残，也会导致亚马逊中国网站和亚马逊天猫旗舰店陷入双手互搏式的直接性渠道对抗。因为，上述"进口直采"的食品、女鞋、玩具、母婴及厨具产品由亚马逊总部统一备货后，同时通过亚马逊中国网站和亚马逊天猫旗舰店进行销售。

更让人不解的是，这一事关重大的决策竟然并非亚马逊中国的本意，而是亚马逊美国总部的凌空决断。那么，亚马逊到底为什么要不顾颜面地这么做呢？

众所周知，在中国的 B2C 市场上，亚马逊中国和天猫正是拼得你死我活的死对头！就在 2014 年"双十一"的电商大战中，阿里巴巴推出了阿里海外购，而亚马逊中国针锋相对，利用其跨国公司的优势推出了海外购物节，予以强力狙击。

不过，从市场现状来看，亚马逊中国早已失去了与天猫平起平坐的资格。根据易观的数据统计，2012 年中国 B2C 市场交易份额，天猫以 44.1% 稳居第一，京东 16% 排第二，其后是易迅网 3.8%、苏宁易购 3.5%，而排名第五的亚马逊中国仅占到了 2.3% 的市场份额，还不到天猫的 6%。[①]

---

① 资料来源：http://finance.sina.com.cn/china/20130221/160214608169.shtml。

2014年，天猫的市场份额继续增加，达到了几乎垄断性的54.6%，而依然位列第五的亚马逊中国的份额却下降到了可怜之极的1.8%，只有天猫的3%左右。①

亚马逊中国节节败退，市场空间不断萎缩，渠道价值日益丧失，也许这正是亚马逊总部下此狠手的主要原因。

但蹊跷的是，仅仅一天之后，阿里巴巴集团宣布了一项人事任免，免去了天猫总裁王煜磊（花名"乔峰"）的职务，任命原淘宝总裁张建锋（花名"行颠"）为淘宝、天猫、聚划算三项业务的总负责人。②

这一消息对于电商界来说，也堪称石破天惊！

天猫在B2C市场上一枝独秀，取得了近乎垄断性地位，为什么其总裁竟然不能得善其身呢？

这当然可以找到很多原因。但在这一换将事件的背后，更值得我们注意的是，阿里巴巴将原本拆分为三项独立业务的淘宝、天猫、聚划算合而为一，统一管理。

阿里巴巴到底为什么要这样做呢？

---

① 资料来源：http://www.askci.com/news/chanye/2015/04/13/161023s0xh.shtml。
② 资料来源：https://www.aliyun.com/zixun/content/2_6_1970391.html。

顾客割裂的原因

如果我们从消费者进化的动态视角来加以审视，就会得到一个全新的结论。

在移动互联网出现之前，顾客在满足自身需求时一直是被割裂的。造成这种割裂的因素主要有以下几个。

一是时空因素。顾客被限定在某时某地购买。作为一名北京的顾客，你没法身在北京而购买上海的商品。同样，除了少量的 24 小时便利店，绝大多数的购物场所都是有打烊时段的。顾客无法率性满足自己的即时需求。

二是品类因素。任何一家购物场所都不可能提供"供过于求"的长尾选择，而只能提供少数的主流选择。大型百货公司和超市的出现，在很大程度上改善了品类限制，但依然做不到予取予求地满足顾客所有的需求。

三是延伸因素。顾客的需求并非仅仅止于购买。购买之后的安装、学习使用，以及由此随机引发的关联配套等都是延伸需求，但顾客未必能够得到无缝对接式的满足。

淘宝是在移动互联网时代之前的桌面互联网时代出现的，号称"万能"，但并未完全消除前述的"顾客割裂"。因为淘宝本身还存在着制约因素，那就是必须要在电脑上才能进行，这也是一种时空阻隔因素，影响了顾客在购买需求满足上的完整性。

当然，移动互联网盛行后，淘宝及时推出了手机淘宝的 App 应用，赶上了时代的风口。如果不是这样，淘宝的市场地位将不可避免地受到影响。

完整顾客的定义

那么，所谓不被割裂的"完整顾客"（Full Customer）是什么样的呢？

所谓"完整顾客"，是指任何一个顾客本身作为一个完整的人，其需求必然是完整的。顾客渴望自己能够以认知能耗及行为能耗最低的方式获得完整性的需求满足。

这一论断可以从大脑认知机制上得到有力的确证。

大脑的重量只占人体的 2%，但却要消耗人体摄入能量的 20%。[①] 正因为大脑是一个高耗能器官，为了确保整个人体的生存，人类的大脑在进化中形成了偷懒机制，以尽可能地节省能耗。由此我们可以推断，在理想状态下，如果顾客自身的所有需求都能得到一站式满足，"一客"绝对是不想烦劳"二主"的（关于"认知能耗论"的更多论述，可参见本书第 10 章）。

移动互联网的繁盛为消费者进化的"完整顾客倾向"起到了推波助澜的作用。

---

① 资料来源：http://he.people.com.cn/n/2014/0220/c197355-20605268.html。

一方面，移动互联网带来的是当量更加巨大的信息爆炸，各种新技术、新变化层出不穷，极大地增加了大脑认知负担，从而也强化激发了大脑偷懒机制的主导性作用。这就促使消费者日益追求"顾客完整"，以图更省力、节能地满足自己的需求。

另一方面，移动互联网也让"完整顾客"的落地实施走向更大的可能。有了随时联网，随身携带的智能手机和平板电脑，顾客随时随地的购买就成为可能。有了淘宝这样的万能海量商品交易平台（聚合性平台），几乎任何小众的长尾需求都可以得到满足，几乎任何延伸需求都可以找到供给。

同时，大数据技术也为"完整顾客"日益成为现实提供了技术支撑。在前互联网时代，商家缺乏可靠、灵便、高效、巨量的方式来集纳浩瀚的顾客数据。这也使得商家即便有心实施"完整顾客"，也只能是心有余而力不足。而现在的大数据技术完全可以用低成本、高效能的方式来支撑顾客数据的采集、处理及应用。

由此可见，我们可以推出"顾客完整度"的概念，以丰富"顾客满意度"的维度。

所谓"顾客完整度"，实质上就是顾客购物的集中度，指顾客在某一商家或某一平台上在多大程度上满足了自己的多元需求。或者说，某一商家或某一平台在多大程度上让顾客趋向完整。

完整不一定带来满意，但不完整则一定会带来不满意。顾客完整度大致可以从时空完整度、品类完整度、延伸完整度这三个次级分支来加以衡量。

- 时空完整度是指顾客购物的时空限制在多大程度上被消解。
- 品类完整度是指有多少品类可以同时满足同一个顾客的需求。
- 延伸完整度是指有多少配套关联需求可以确保顾客无须转询其他商家就可以得到满足。

从这三个分支，我们基本可以厘清"完整顾客"的理念及其趋势性的发展。

重新解读两大新闻

在"完整顾客"的框架下，我们再回过头来解读发生在亚马逊和阿里巴巴身上的两大新闻，就能够看清本质了。而且，通过再一次解读，我们也可以更加深刻地明悟"完整顾客"的内涵及应用。

亚马逊和淘宝天猫其实是两种不同的电商业态。亚马逊虽然也开通了第三方加盟，但主要是以自营为主。而淘宝天猫则是平台性质，集纳天下四海的商家，自身并不参与商品或服务的直接运营。目前可以绝对性地下一个论断：任何一家自营电商都不可能在"顾客完整度"上超越淘宝式的平台电商。

淘宝既有先发优势，又在无意中选对了符合"顾客完整"趋势的发展路径，因而取得了其他电商极难超越的垄断性地位。

马云的"京东悲剧论"曾经引发了轩然大波，但仅从顾客完整度的视角来看，马云的论调却不无道理。

马云说过："京东将来会成为悲剧，这个悲剧是我第一天就提醒大家的，不是我比他强，而是方向性的问题，这是没办法的。你知道京东现在多少人吗？50 000人！阿里巴巴是慢慢长起来的，现在才23 000人。收购加起来是25 000人。你知道我为什么不做快递？现在京东50 000人，仓储将近三四万人，一天配上200万的包裹。我现在平均每天要配上2 700万的包裹。这是个什么概念？中国10年之后，每天将有3亿个包裹，你得聘请100万人，那这100万人就搞死你了，你再管试试？所以，我在公司一再告诉大家，千万不要去碰京东。别到时候自己死了赖上我们。"①

随着阿里巴巴在美国的震撼性上市，淘宝及天猫将在更大的时空领域里强化自身的"顾客完整度"优势。这就势必与立志要成为全球第一电商的亚马逊形成正面冲突。所以，亚马逊不得不拿出自己的优势资源（海外商品）紧急入驻天猫，以作进攻式的防御，甚至顾不得自己旗下的亚马逊中国的颜面了。

---

① 资料来源：http://finance.ifeng.com/a/20150108/13414821_0.shtml。

从阿里巴巴内部来看，天猫源自淘宝。这固然有淘宝想要开始收费而不得已的原因，但也是电商升级的必由阶段。天猫从淘宝独立后，阿里内部也相应形成了两派。淘宝派认为，淘宝是阿里巴巴的根基；而天猫派认为，自己是阿里巴巴的未来。两派为了争夺内部资源也争吵不已。

从"顾客完整度"的角度来看，淘宝确实是阿里巴巴之根基，天猫是可以被对手复制的，但淘宝基本上不可能被复制。淘宝的灵魂就是业已存在的浩浩荡荡的巨大流量。这直接等同于顾客完整之浪潮的汹涌澎湃（当然，这绝不意味着淘宝无须变革进化就能一劳永逸、永葆优势）。

阿里巴巴将淘宝、天猫、聚划算三大业务统一管理，或许有意无意间觉察到了消费者进化这一新的趋势。这一调整应该有助于阿里巴巴强化自身的优势，更好地满足顾客的完整性需求。

更多的例证

为我们揭示"完整顾客"这一消费者进化趋势的，当然不仅限于上述两起电商事件。事实上，传统商业业态中早已出现的大型购物中心（Shopping Mall）模式也是一个非常有力的例证。

此前，消费者的购物、休闲、餐饮等需求都是被割裂的，只能分赴不同的场所才能得到满足。而大型购物中心则将这些需求集纳于一体，有效推进了"顾客完整度"。

同时，一个趋于完整的顾客事实上是会因应环境中的不同因素，随时迸发出此前未曾想过的需求的。

日本横滨的一家大型购物中心的四楼上有一家叫作"横滨港未来"的饭店。来逛购物中心的顾客多是肚子饿了才会想到吃饭，然后就近就餐。但这家饭店因为位置不佳，一直生意清淡。后来，这家饭店在一楼电梯口放置了一块写有"免费观赏夜景"的指示牌，一下子激发（或者说改变）了顾客的消费欲望。就是靠着这块指示牌，"横滨港未来"每个月的营业额增加了1 000万日元！

在慨叹神奇之余，我们应该更为深刻地领悟到，顾客需求是灵活多变的，从而对顾客完整度有更为透彻的理解。

"顾客完整"的趋势也出现在其他的行业中。

比如，小米靠着智能手机一战成名，此后相继推出了小米盒子、智能电视、平板电脑、智能手环、空气净化器等一系列产品。

定位论的忠诚奉行者——特劳特中国公司的负责人邓德隆对此急切地提出忠告：

我们现在想到小米，会想到什么？一定是手机，而且是直销的手机。顾客的心智对品牌定位了，那么，所有战略和其他资源都要围绕这个定位展开，不能一厢情愿说要做平台，要做生态。做企业不能从自己出发，一定要从顾客、潜在用户的心智定位出发。小米的平台和生态战略侵蚀的正是小米赖以迅速崛起的"直销手机"定位。①

邓德隆也许没有看到，现在的时代已经不是特劳特提出"定位理论"的时代了。时代的土壤已经发生了极其重大的变化。现在的信息增长及爆炸已经以指数级超越了此前。相应地，消费者大脑的认知负荷也以指数级超越此前。消费者只能更为偷懒，选择更为节能的方式来做出选择。定位不再那么重要，品牌日渐模糊，只要小米能够提供性价比较高的多元化商品，消费者何乐而不选呢？但前提是小米自己不犯错误。如果小米提供的商品无法契合顾客的需求，那么失败也是难免的。2016年，曾经红得发紫的小米从一骑绝尘的国内智能手机老大的位置上被华为、OPPO、vivo超越，被甩到了前五名之外，是另有原因的，并不能仅仅归结为多元化（相关论述参见本书第6章）。

更为甚者，亚马逊从卖书起家，发展成为全球最大的综合性B2C电商，早就是一个违背定位理论而成功的案例了。类似的案例还有不少。这正说明了顾客完整趋势的不可阻挡。

"完整顾客"对应的就是"顾客集中"，顾客非常愿意将自己的需求集中到更少的合格供应者身上，以节省在选择上的认知能量消耗。

---

① 资料来源：http://business.sohu.com/20150201/n408297908.shtml。

更有意思的例子还有"罗辑思维卖月饼"。

罗辑思维是一个提供内容产品的微信公众号,其最初主要是为了满足粉丝偏于"高大上"的精神需求。但是,再高大上的人,也少不了有所谓的"凡夫俗子"的物质需求。这正说明了"完整顾客"是一种客观的存在。

既然这些粉丝已经认准了"罗辑思维",既然月饼总是要买的,只要罗辑思维能确保月饼的安全与品质,那为什么不集中在一地解决呢?所以,我们看到了如下一系列的数据:①

- 销售时间为 13 天(2014 年 7 月 18 日至 7 月 30 日);
- 参与人数为 2 698 790 人;
- 参与次数为 8 000 972 次;
- 月饼商品页面分享次数为 1 036 059 次;
- 订单笔数为 20 271 笔;
- 总销量为 23 214 盒。

对于一家从来没有卖过月饼、以经营知识买卖为主的电商来说,这个销售业绩是相当可观的。从顾客完整度的分支来看,这可以归结为非紧密型的延伸完整度。虽然罗辑思维并不是"定位论"意义上的月饼销售商,但"完整顾客"的内在驱动力使得罗辑思维卖月饼天然具备了销售势

---

① 资料来源:http://www.meihua.info/a/41965。

能。这是很多用传统眼观抨击罗辑思维不务正业的人所无法体会的趋势的力量。

消费者的进化趋势

顾客一直是被割裂的，但他们并非心甘情愿地被割裂。现在，顾客已经看到并体验到了自我完整的可能性。尽管当下的体验还不够美好。但"顾客完整"作为一种消费者进化的大趋势已经日渐明朗。

不过，要特别提醒的是，我们所说的"完整顾客"，其完整性一定是基于顾客发自内心、由内而外的流露，而不是企业或商家基于自身利益立场，强加给顾客的完整性。在现实的商业运营中，我们经常看到一些企业完全凭借自己的想象，把很多根本无法激发顾客内在完整性需求的产品或服务强加给顾客。这就像是硬把一堆三四十斤的赘肉挂在一个人身上，试问人家会心甘情愿、欢心开颜地接受吗？

所以，我们必须强调，"完整顾客"理论重在发掘顾客的内生性完整需求，而不要不顾实际地生搬硬套地盲目叠加。

当然，"完整顾客"是一种理想化的状态，任何一个商家都不可能完整实现，只能无限逼近于这一理想化状态。展望未来，只有那些能够更加接近"完整顾客"的商家才有望引领趋势，取得成功。

第 2 章　产品膨胀：互联网时代的全新产品观

对各式各样的产品来说，互联网时代也许是一个最为残酷的时代。在层出不穷的新技术推动下，市场竞争更加快节奏、高烈度。这其中，很多产品倏忽而兴，却又很难逃脱倏忽而亡的命运。

由此，有识之士纷纷发出"回归产品为王"的呐喊。产品固然是一切战略和营销的基石，但是，要想重返产品的核心本质，首先就必须在全新的环境背景下来重新厘清"产品"到底是什么。

从那些取得极大市场成功的所谓"爆品"来看，我们会发现一个共同的现象：产品的概念已经呈现膨胀趋势，其内涵与外延的边界日渐模糊。甚至可以说，产品的外延日益渗入内涵之中。

之所以会出现产品膨胀的现象，最根本的原因就是技术壁垒日渐羸弱，同质化的产品极度过剩，要想让产品与众不同，在产品的内涵上很难打造出彩之处，只能是"功夫在诗外"，将竞争之火烧到产品的外延领域。

这不但是对身处互联网时代的商业决策者在商业理念上的重大挑战，

也是他们在商业实战中必须掌握的重要规律。

褚橙的故事

褚橙是老一辈企业家褚时健 75 岁时重新在云南哀牢山创业种出来的冰糖橙，历经 10 年，一直偏居一隅。直到 2012 年 11 月份，伴随着"褚橙进京"的大量主流媒体报道，其与电商网站——本来生活网的合作一炮走红。[1]

这位高龄老人的再创辉煌引发了商界的高热度关注，很多人纷纷出来解读褚橙为何成功。其中，不少商业研究者都将褚橙成功的原因归结为产品本身的力量，也就是"产品为王"。

比如，黄铁鹰教授认为："二流产品在美国在非洲是二流，在中国也是二流，互联网解决不了怎么把二流变成一流的问题，这点我是认准了。"[2]

黄铁鹰对褚橙开展案例研究后，最终的结论是：褚橙是种出来的！言下之意是，褚橙绝不是营销做出来的。

针对其他人的褚橙网络营销成功论，黄教授还说，褚橙在互联网上卖了个小头，弄了个大声音；传统渠道卖了个大头，弄了个小声音。他的依

---

[1] 资料来源：http://news.xinhuanet.com/fortune/2012-11/12/c_123941470.htm。
[2] 资料来源：http://www.soxunwang.com/xwzx/2015/0503/664.html。

据是，2013年褚橙在本来生活网卖了1 500吨，而在传统水果销售渠道却卖掉了8 500吨。

再如，陈春花教授针对褚橙的成功提出，产品力就是产品的品质，是企业所有内在努力，是战略、技术、结构或者文化等所呈现出的载体。换言之，产品不够好，一切努力都难以奏效。①

这两位教授的观点明显是传统的产品观。

传统的营销4P理论——产品（Product）、价格（Price）、渠道（Place）和促销（Promotion）是泾渭分明的。在这4P的划分中，产品的内涵是非常明确的，就是指产品的本体（实体），而渠道、价格和促销只是产品的外延。

但是，人们热衷购买褚橙，真的只是因为这是一个口感上佳、营养丰富的橙子吗？况且，褚橙的价格居高不下，不但远在国产的其他橙子之上，甚至比某些进口的橙子还要贵。如果将甜橙的遴选范围放大到包括进口水果在内，难道就没有其他口感上佳、营养丰富的橙子了吗？

事实上，就连黄铁鹰教授自己举行的橙子口感盲测中，也发现了有和褚橙口感不相上下的其他橙子。所以说，仅仅是产品实体的本身因素并不足以确保褚橙畅销大江南北。

---

① 资料来源：http://www.duibiao.org/2015/news_0401/364.html。

褚橙之所以受到高度认可，一个重要因素就是产品的内涵膨胀，囊括了实体之外的更多的虚拟因素。

云南烟草大王褚时健跌宕起伏、大起大落的人生经历，尤其是他高迈之年再度创业、东山再起的传奇故事，足以让人排除对他的一切负面认知而集中在其老骥伏枥、壮志不已的奋斗精神上。而这一部分虚拟因素得以灌注入产品本体（实体）之内，则很大程度上得益于基于互联网思维的各种促销方式。

由此可知，人们购买的不仅仅是一个实体的橙子，而是同时购买了一种奋斗精神。从全新的互联网产品观来看，这两者是虚实结合、不可分割的一个整体。两者互为依存、互为支撑，从而推动了褚橙的热销。

这就是产品的外延内涵趋于一体化的进程。推而广之，我们可以归纳出：

产品膨胀实质上就是将传统营销4P合而为一的过程，亦即渠道、价格和促销这3P从产品的外延，直接渗入产品这一1P的内涵之中，融为一个不容分割的整体。

锤子与玫瑰

诸如褚橙这样的案例还有不少。

比如说锤子手机。

如果没有其主导者罗永浩此前多场"一个理想主义者的创业故事"的演讲带来的诸多粉丝和超高人气，锤子手机在一众手机中何以能博得远超其本体价值（实体价值）的关注？又何以能比同等配置的其他机型多卖1 000元？

很多锤粉之所以购买锤子手机，就是因为罗永浩说的"我不是为了输赢，我就是认真"。缺少了罗永浩所谓的"理想情怀"，锤子手机还能剩下什么？

罗永浩在推出首款T1手机时，曾经放言："T1手机如果低于2500元，我就是你孙子！""我特别反感有的手机厂商在新品上市时定一个高价，之后很快又会降价的做法。我们的这个价格会一直坚持整个产品周期，除非下一代产品上市了，前一代需要清理库存了，才有可能降价销售。"①

但是，仅仅几个月后，锤子的3款手机均降价超过1 000元。一向能言善辩的罗永浩在被打脸后反思："我在网上经常说一些没有什么忌讳的话，作为企业负责人显然是不得体的。"于是，他决定管住自己的嘴巴，不再多说话。

---

① 资料来源：http://finance.ifeng.com/a/20141027/13221061_0.shtml。

从"膨胀产品观"的角度来看,罗永浩保持沉默之后,锤子手机作为一个产品就是不完整的欠缺品。锤子手机随后几乎消失在公众的视野中,而这对于一个大众消费品来说,无疑是致命之伤。锤子手机最终会走向何方,我们不妨拭目以待。

再如,线上花店 Roseonly 凭借着"一生只送一人"的独特经营理念,一上线就成了火热潮牌。虽然 Roseonly 经营的是原产地为厄瓜多尔的高档玫瑰,但这一产品并不具备独特性,其他的经营者同样也可以进口同一品种的玫瑰。只有当"一生只送一人"的理念注入其中,使产品发生膨胀之后,Roseonly 才是独一无二的了。[①]

还有,自从 2015 年 4 月 12 日开始上映,《速度与激情 7》仅用 15 天时间,票房累计已达 20.06 亿元人民币,超越《变形金刚 4》成为中国大陆单片票房总冠军,同时也成为中国内地首部票房过 20 亿元的电影。此前,《泰坦尼克号》以 3.6 亿元的票房纪录保持了 12 年,之后被《阿凡达》打破,《速度与激情 7》仅用 9 个月,就从《变形金刚 4》手上抢过了冠军宝座。[②]

《速度与激情 7》何以如此之火?

其中一个很重要的原因就是,影迷们对于因车祸去世的主演保罗·沃克(Paul Walker)的怀念与回顾。在影片《速度与激情 7》拍摄期间,保

[①] 资料来源:http://lady.people.com.cn/n/2015/1019/c1014-27715387.html。
[②] 资料来源:http://ent.163.com/15/0429/19/AOD46C2B000300B1.html。

罗·沃克在一起车祸爆炸中身亡，年仅40岁。后来制片方今日环球影业采用了特技手段拍完了整部影片。这一独特的背景使得《速度与激情7》成为保罗·沃克的绝唱，由此引发了影迷强烈的情感反应。怀念、惋惜、致敬、告别等复杂情愫也随之成为这部影片不可或缺的一部分。这也是非常典型的产品膨胀。

有意思的是，因为《速度与激情7》超级火爆，这本原定的系列作品的完结片可能无法完结了。今日环球影业的总裁唐娜·朗雷（Donna Langley）表示，将至少再续拍三部《速度与激情》。由此亦可见，产品膨胀所带来的巨大价值。[1]

总之，像褚橙、锤子手机和Roseonly这样的产品之所以能成为互联网爆品，其原因就在于：

诸如奋斗精神、理想情怀、爱情承诺这些虚拟因素注入了产品的实体之中而形成了产品膨胀。

第二层次的产品膨胀

不过，这种虚实合一的产品膨胀还只是第一层次的产品膨胀。

---

[1] 资料来源：http://news.mtime.com/2014/11/15/1534031.html。

如前所述，第一层次的产品膨胀是指营销的 4P 合一。但这 4P 都是基于企业或商家内部而言的。

第二层次的产品膨胀则是指内外合一的产品膨胀，即将外部力量导入产品的本体中来。

例如，IBM 公司推出了一款针对实体零售店的增强现实型的 App 应用，用户只要将移动终端设备的摄像头对准货架上的商品，屏幕上就会在商品画面之外叠加虚拟的商品信息（如价格以及购买者评论等）。

在互联网时代，顾客被赋予了前所未有的话语权，购买者的评论正是话语权的体现。按照传统的观点，顾客的评价虽然是针对某一产品而发的，但显然和产品本体是完全区隔开来的。但是在互联网时代，我们必须认识到，顾客或用户的评价也是产品不可或缺的一部分。只有将顾客的评论内化入产品的内涵之中，才有可能用全新的完整产品观来应对市场的竞争。

小米最初推出基于安卓的 MIUI 系统时，就充分利用了用户评价来提升 MIUI 的性能体验。小米在每周五推出"橙色星期五"活动，发布最新一版的 MIUI 系统，吸引用户试用各种新开发的功能。然后在下个星期二收集用户反馈，从中得知用户最喜欢上一周发布的哪些功能，觉得哪些功能不够好，以及最期待哪些功能。

据小米内部数据，MIUI 发布 4 年内共收集到上亿用户反馈。这些带着体温的评价岂不正是 MIUI 产品不可分割的一部分？如果没有这些及时、精准的反馈，MIUI 又怎么能够引爆小米手机？

从这个角度来看，产品不再是一个静态的概念，而是一个带有时间线的动态概念。在不同的时间点上，产品的形态与功能均有所不同。

美国的一家叫作 C&A marketing 的电子商务网站就是膨胀产品观的直接受益者。

C&A marketing 的经营范围涉及照相器材、音箱、厨房用品等 1 000 多个品类，其独门绝技就是密切关注电商巨鳄亚马逊上的用户评价。

当他们看到某个用户在亚马逊的一款音箱产品页面上抱怨说"如果这款音箱能够防水，淋浴时就能不受影响地听广播了"，顿时如获至宝，立即开发出了防水音箱，并将其投放市场，同时不间断地关注用户的反馈，加以改进，最终开创了防水音箱这个新的产品门类。显然，如果没有用户反馈，就根本不会有防水音箱这个产品。

总之，在第二层次的产品膨胀中，产品不再是一个固化的物件，而是一个内外合一的动态过程。

显而易见的是，在互联网时代，产品生命周期已经被粉丝迷恋周期所取代，静态不变的产品是根本无法立足生存的（关于"粉丝迷恋周期"的详细论述，参见本书第 9 章）。

而就无形的产品——服务而言，更加不再是某一个有着明显时空边界的环节，而是一个延展的全流程。

最典型的例子就是电影和紧随其后的影评。这两者合一的才是一个完整的电影产品。精彩到位的影评不但能鼓动其他观众前往影院，还能帮助更多的人了解、理解影片中的精妙之处或糟粕之处。看电影不看影评，往往就错失很多精彩。

颠覆产品的定义

总而言之，在互联网的极速冲击下，我们曾经固化的产品观不可避免地要与时俱进，消费者一日千变，不可捉摸。我们只有彻底颠覆此前的产品定义，不再拘泥于曾经的边界限制，才有可能赢得消费者的芳心。

具体地说，产品必须向着外延的内涵化或外延内涵一体化的方向演进，向着动态延展的方向演进。

产品膨胀或许是这个最好与最坏并存的时代最有可能的安身立命途径。

第 3 章　技术情商：未来产品必备的核心能力

在移动互联网、大数据、传感器等交织而成的未来商业图景中，技术已经被捧上了至高无上的万能神坛，产品的智能化也已经是不可阻挡的趋势。无人驾驶汽车、虚拟现实场景等都让人咋舌不已。科幻小说中哪怕是最大胆、最超前的想象，都有可能在不远的将来成为活生生的现实。

但是，在技术万能的时代大背景下，我们仍然需要以高度觉察之心看到并指出，仅仅是高智商的技术并不完全符合人类的本性需求。在技术万能的震撼下，消费者正在日益渴求着高情商的产品。这也就是说，产品必须要具备情感能力才有可能制胜未来。拥有技术情商的企业（或者说"产品情商"）才能踩准未来趋势的节奏。

什么是技术情商

"情商"本来是人类专属用语，主要指人在情绪、情感、意志、挫折、耐受力等方面的品质。具备高情商的人在判断、掌控、运用自己及他人的情感状态上更能得心应手。

技术情商是指未来的产品必须具备针对消费者情感的识别、呼应，甚至是疗愈的能力。

在惯常的认知体系中，产品是无生命的事物，和情商搭不上边。但是现在，情形则完全不一样。

我们不妨举一个最简单的例子加以说明。

用于汽车导航的GPS就是一项高技术智商的产品。它可以有效帮助驾驶者轻松克服陌生路线选择的难题。但是，当驾驶者无意开错了路或有意选择了一条与导航不符的路段时，我们只能听到冰冷的提示语音反反复复响起："路线错误，前方请掉头！"

显然，GPS还不是一项具备技术情商的产品，它并不能理解驾驶者的真实心境与情绪。不妨设想一下，驾驶者无意间开错了道，却一直没有找到合适的掉头路口时心情焦躁不安的情形。如果GPS能够及时体会到驾驶者的心情，并以柔和的语气提醒说："别着急，前方500米就有一个路口可供掉头。"这将会带给驾驶者何等巨大的宽慰与释然呢？

再如，当GPS接收到前方路况极其拥堵后，给驾驶者来上一句："前面已经堵成了一锅粥了，你还要去凑热闹吗？或者，我给你另指一条路，绕道走？"相信绝大多数的驾驶者都会会心一笑，安然接受GPS的新安排。

已经落后的质疑

也许有人会对此提出异议。这种高情商的产品固然好到了极点，但在技术上能实现吗？

这种质疑其实已经落伍了。

在某种程度上，产品的情商就是人类情商基于高科技手段的一种投射。德国《明镜》周刊曾刊文指出，传感器的数量正在以每5年翻一番的速度疯狂增长，并被广泛用于汽车制造、机械制造、手机制造、物联网等各行各业。

能"看"、能"听"、能"闻"的传感器将会成为现代工业生产的"感觉器官"。显然，在对传感器获得大数据的智能化处理后，各类产品能"想"、能"说"的高情感能力必将得到日趋完美的呈现。

英国著名的设计公司 Pearl Fisher 已经发布了一款概念性的"数字文身"产品 Intui。

数字文身是指可穿戴设备的更高延伸阶段——可植入。利用植入皮肤表层的"数字文身"，可以实现开锁、开手机、在与人握手的时候交换数据等功能。

Intui 的设计理念是在人体的脉搏跳动区域植入嵌入各种香味的数字文

身。用户可以随时购买并更换各种不同的香水味道。当用户处于不同的身心状态时，Intui 会作出相应的反应，释放出不同的香味，就像荷尔蒙一样发挥作用。

比如，当某个用户面临公众演讲而紧张不安时，Intui 就会体察到用户的情绪波动，并选择一种具备安神舒缓功效的香水，以帮助用户克服紧张。

虽然 Intui 还处于概念性阶段，但智能手环 Jawbone 在 2014 年 11 月推出的 UP3 系列，已经往高情感方向迈出了一大步。

Jawbone 的 UP3 系列开始从简单监测人体的生理状况转向监测心理状况，它基于生物阻抗原理，通过向人体释放一股极小的电流来测试器官组织的反应，从而来确定人体的压力、疲劳等精神要素。

更为令人震惊的技术也已经日臻成熟。早在 2002 年，脑机接口（人类大脑与机械装置连接）的研究先驱、美国杜克大学医学院神经生物学教授米格尔·尼科莱利斯（Miguel A. Nicolelis）就成功实现了"意念控制"的动物实验。尼科莱利斯通过训练一只猴子，将猴子脑中的意念活动通过脑机接口导入到外部，成功地控制了一只机械臂的动作。

2008 年，尼科莱利斯更进一步，在位于美国的达勒姆实验室中，利用一只猴子的意念控制了远在日本东京的一个机器人的行走。令人难以置信的是，这一远程意念控制所需要的传递时间竟然比猴子用意念控制自身肌肉所需的时间还要短 20 毫秒！

至此，我们可以做一小结。

实现产品的高度人性化（具备高情商能力）在技术上已经不成其为问题。而随着科技的进一步发展，高情商产品在投射、呼应人类情感、心理上的表现也将更加完美。

技术情商的现实价值

既然"技术情商"这一趋势已经无可置疑，那么这对绝大多数企业的现实价值又体现在哪里呢？或者说，绝大多数并不直接从事智能技术研发的企业该如何因应这一大趋势，构建更为强大稳固的核心竞争力呢？

一般而言，产品的设计都是功能导向的。设计者和生产者往往注重各类技术参数的不断提升，在材质、外形、色彩等方面下功夫，以更快、更大、更小、更经济等量化指标为衡量标准，以求更好地满足顾客需求。

但是在技术情商的大趋势下，这一功能导向的产品设计战略观将会成为明日黄花，取而代之的将是情感导向的产品设计战略观。未来的产品必须具备与用户的每一使用时刻不同的情感状态相呼应的调适性，才有望立足并赢得未来。换言之，未来的产品必须具备与用户共情的能力。

我们不妨以意大利的阿特米德公司的 Metamorfosi 系列投射照明灯具为例，来加以说明。

阿特米德公司的设计理念并不是仅仅为了满足顾客对灯具基于实用性的功能需求，而是认为背景光的颜色以及亮度的细微变化会对人的心理状况与社交状况造成非常重要的影响。由此，他们开发出了一整套灯光控制系统，可以让灯具散发出人性化的光线，帮助人们调节情绪、舒缓心理。

比如，在夜色深沉的夜晚，在某位消费者的卧室里充满了靛蓝色与深紫色的光，光线从浅蓝开始逐渐过渡到深蓝，颜色的变化毫不突兀，和缓过渡，让人在不易觉察中体会到了愉悦之感。而光源却并不显露于外，而是藏在椅子背后。这一款高情商的灯光呈现被称为"美梦"，可以有效地帮助消费者进入美好的梦乡。

除此之外，Metamorfosi 还能营造出多种不同的场景氛围，帮助用户有针对性地调适心情。而用户的主动性也在于可以根据自己当下的心情或所处的环境，通过遥控器来调整自己所需要的整体光线氛围。

阿特米德公司显然并未致力于常规的技术导向设计。早在 Metamorfosi 系列灯具问世之前，用于灯具的电子遥控器以及调节光线的技术就已经有了。可见，产品的情感化创新并不需要太多的技术智商。但是，囿于惯性思维，其他的灯具生产商并没有意识到情感导向的产品设计思路将会出奇制胜，并成为引领未来的大趋势。

当然，当阿特米德公司推出 Metamorfosi 系列灯具时是非常超前的。而到了现阶段，随着科技手段的巨大突破，对产品设计上的技术情商的要求已经日益显化。

未来学家雷·库兹韦尔（Ray Kurzweil）说过："我们将人脑的智慧、技术、性格和情感与电脑结合起来，在人工智能、基因工程以及纳米技术不断创新进步的基础上，未来的世界在生物和机器之间肉体与虚拟现实之间，将不会有明显的界限。"

雷·库兹韦尔这个近乎预言的判断其实正为今天绝大多数的企业指明了未来的方向。如今，大批的设计师已经涌向全球创新中心——硅谷。技术与设计正变得前所未有地接近，而这无疑是展现产品的情商的最佳结合方式。

在一贯由工程师文化主导的硅谷，设计正在成为一种新的流行语言，越来越多的大公司，如Facebook、谷歌和Twitter等大公司以及为数众多的创业公司都已经越来越重视设计工作了。着力于互联网趋势研判的权威杂志《连线》指出，设计的复兴来临了，这就是"硅谷现代时"。

谷歌公司花费巨资收购的智能恒温器制造商Nest，也正是高情商产品的典型例证。Nest的根本目的就是将用户的家变成一个智能容器，可以随时根据主人的心情与行为来作出相应的温度调适。

展望未来，与用户心情相呼应的产品必将成为主流。而洞察这一趋势，无论是直接从事智能技术的高科技企业，还是更多的不直接从事这一领域的其他企业，都是极其重要的。

技术已经不成问题，关键就在于产品设计思路的情感化及人性化导向。

如何因应大趋势

那么，应该如何来顺应这一必将成为新的主流的技术情商化（产品情商化）的大趋势呢？

在机器智能超越人类智能之前（关于这一点是否会成为现实尚存有激烈的争论），人类依然是地球的主宰，不管是什么产品，其存在的意义还是在于为人类服务。

所以，要将技术情商付诸产品实践，产品的设计主导者必须积极开展"拟人化思考"，即：

将各类产品视为具备一定思考能力和情感能力的"人"，来精心构筑其功能如何因应不同的场景来与产品的使用者呼应、互动。

同时，产品的设计主导者也必须具备强大的"场景模拟"能力，使得产品的技术情商无缝贴合于用户在真实生活情境下的功能需求与情感需求。

在具体的运作上，可以参考宝洁公司独具特色的消费者行为研究模式——沉浸式研究。

宝洁的市场研究人员全天候地住在消费者的家中，与他们一起生活，仔细观察他们的日常行为，从而发掘出针对性的产品创新。

宝洁的这一做法在即将到来的场景时代具备强大的可行性。只要将其适用的情境扩延到家庭之外，分布于用户生活的全场景之中，利用可穿戴设备与大数据技术，就能较为顺利地找对将技术情商化付诸实施的具体方向及路径。

第 4 章　玩家意识：消费者身份意识的迭代演变

在工具思维（Toolism）式微、玩具思维（Toylism）兴起的互联网大时代，消费者的主体身份意识也无可避免地顺应时代的浪潮，发生了显著而深刻的变化。但是，并非所有的商业决策者都敏锐地洞察到了这一重大趋势（关于玩具思维的详尽论述，可参见《玩具思维：改变未来行业的新思维》一书）。

那么，现阶段的消费者到底发生了什么样的变化呢？

事实上，消费者已经从最初的"顾客"，先是演变成了"用户"，进而成了"玩家"。

"Duang"与"Are you OK？"

我们首先通过几个经典案例来体会"玩家"的心理特征与行为特征。

2015 年 2 月 24 日前后，"duang"这个只闻其声、未有其字的象声词突然爆红网络。这个象声词最初出现在成龙 2004 年为霸王洗发水拍摄的一段采访式广告中。①

这一广告曾因被工商部门打假而销声匿迹。但10年之后,"玩心"很重的网友将这段视频当作素材,并与网络歌手庞麦郎的《我的滑板鞋》同步对接,制作了一段全新的"鬼畜视频"——"(成龙)我的洗发水",顿时火遍网络。在很多原本非常正经的场景中,"duang"字也不断出现,成为调节气氛的最新言辞利器。②

好玩的网民在传播之余,还利用视频中的一句"拍这洗头水广告的时候,其实我是拒绝的",演绎出无数个情境版本,还硬生生地造出了"duang"字——上成下龙。

这一娱乐化意味很浓的传播事件甚至引起了世界知名媒体BBC的注意。BBC报道,"duang"字在微博中出现超过800万次,成为最热门的关键词标签。

按照惯常的眼光,显然很难理解为什么一个无聊之至的"duang"字竟然会引发新时代玩家的狂欢。但这一事件清晰揭示了这些"好玩者"的心理与行为的驱动力所在。而我们不得不对此保持高度关注,因为他们已经成为新时代最主流的消费者。

2015年4月,小米CEO雷军在印度发布小米4手机及智能手环时,用发音生硬且有语法错误的蹩脚英语与米粉交流。其中雷军反复提及的一句

---

① 资料来源:http://news.mydrivers.com/1/392/392483.htm。
② 资料来源:http://www.iqiyi.com/v_19rro1iy34.html?vfm=m_303_qqll。

"Are you OK"更因其不知所云而具备了笑料价值。[①]

这段有明显表达瑕疵的视频让网络玩家如获至宝,立即将其改编成一段鬼畜视频"Are you OK?",成为最新的网络话题事件而得到疯狂传播。[②]

很多网友甚至将这首十分搞怪的乐曲称为"雷总的印度神曲,网络首发",雷军也俨然从一位IT公司的CEO,摇身一变成了一位娱乐界明星。

如果用传统的眼光来看,肆意放大业界名人的小小瑕疵,多少有些不厚道。但玩家们却满怀激情,且不带恶意地参与传播扩散。玩家的心理与行为特征由此可见一斑,他们关于道德底线的标准已经和此前的消费者大为不同。

上述两个案例确实和道德底线相距甚远,但是,当真正事关道德(甚至是法律)评判的事件发生时,玩家的娱乐意识依然无法遏制。

但是,从对某些极端事件的反应来看,玩家们"玩无止境"的特征已经昭然若揭。如果我们只是将玩家们的上述表现贴上"恶搞"的标签,那就全然失去了洞察新时代消费者身份意识重大转变的良好契机了。

---

① 资料来源:http://money.163.com/15/0427/08/AO6O8VGN00253G87.html。
② 资料来源:http://baidu.ku6.com/watch/7495173071401664576.html?page=videoMultiNeed。

顾客、用户与玩家

为了更好地阐明消费者身份意识在互联网冲击下的颠覆性变化，我们再来梳理一下消费者身份意识从顾客到用户、再从用户到玩家的整个演化过程（详见表4-1）。

表 4-1 消费者身份意识演化过程

消费者身份定位	消费理念	消费敏感度	主导思维
顾客	买到	购买敏感	工具思维
用户	耐用	价格敏感	
玩家	好玩	情感敏感	玩具思维

所谓"顾客"，是指前来光顾的客人。

"顾客"这样一个身份定位，其重点就在于购买这个交易环节。只要一完成购买，顾客和商家的关系就结束了，双方都没有太强烈的意愿继续保持联系和沟通了。而且，当顾客再次回来找商家，往往意味着商品出现了某些问题。

在"顾客阶段"，权力往往由商家独揽，顾客几乎没有什么发言权，只能在现有的供应品类中进行有限选择。

第 4 章
玩家意识：消费者身份意识的迭代演变

所谓"用户"，是指使用商品的人。

"使用"显然是一个持续性较长的过程。"用户"自完成购买后，一直处于使用过程中，从而有强烈的意愿与商家保持沟通。在购买环节，用户更为注重各项工艺参数的性价比；在使用过程中，用户则特别重视自己的体验感。

在"用户阶段"，权力开始向用户转移，用户的体验与反馈逐渐成了商家的努力方向。在这一阶段，用户的满意标准是追求"耐用"，即使用时间长，使用体验好（本书的"用户"概念与惯常的用于指代互联网环境下的顾客的"用户"一词定义完全不同，请读者仔细辨析）。

所谓"玩家"，是指将商品当成玩具，追求玩娱体验的人。

"玩"字不用多加解释，而"家"在此处则是指有专门知识或技能的人。显而易见，"玩家"对于玩乐效果的要求是十分严格的，不符合这一要求的商品，即便工具性再强大，也很难获得"玩家"的青睐。

在"玩家阶段"，权力已经向玩家集中，玩家的好恶将成为决定商家生死的最重要因素。在这一阶段，玩家的标准是追求"好玩"，即新潮、时尚、酷炫。

由此，我们也得出了基于商家与企业立场的"玩家意识"的定义：

所谓"玩家意识",就是指企业或商家准确认知到消费者在身份定位上的玩家化趋势,并做出适应性调整的一种指导思想。

此外,消费者身份意识演化三阶段的前两个阶段(顾客和用户),对应的是"工具思维",而第三阶段的"玩家"对应的则是"玩具思维"。

总而言之,"用户"和"玩家"并非只是字面上的不同,而是代表着两种完全不同的消费心智模式。

用户一般通过功能性判断、性价比衡量来决定所要购买的品类、频次和数量。玩家则通过情感性判断、玩娱性衡量来做出购买选择,即使某件商品功能性不足,性价比较差,但只要好玩、酷感、时尚,就会得到玩家的热烈追捧,甚至一部分玩家还会成为忠贞不二的铁杆粉丝。

简而言之,"用户"是价格敏感、情感不敏感;"玩家"是情感敏感、价格不敏感。

庄家、专家与玩家

搞清楚了消费者的"玩家意识",那么商家又该如何适应、应对消费者身份定位的这一重大转变呢?

事实上,与消费者身份意识演化的过程相对应,商家的身份定位也经历了（或必须经历）一个大致同步的演化。

在顾客阶段，商家是以"庄家"面目出现的。庄家掌控一切权力，作为散户的顾客几乎没有别的选择，只能听任庄家做主。

在用户阶段，商家则以"专家"的身份为用户排忧解难，相互间出现了沟通与反馈。但专家自以为是的感觉还是较为浓重。

在玩家阶段，商家则必须以玩家的身份与同样身为玩家的消费者同欢共乐，共同参与到商品从生产到营销的全过程去。

换言之，商家只有也具备了"玩家意识"，才能与新时代的消费者同频共振、共创未来，而绝不能一本正经地板起脸来，与玩家大唱反调。

我们再来看看，前述三个案例中的相关商家是如何应对的。

成龙本人对自己被"duang"恶搞并未表现出反感，还将"duang"应用到他的新片《天将雄师》的宣传中去。这说明成龙已经因应这个时代而具备了"玩家意识"。

另外一个有意思的发现是，当你在百度搜索"duang"的时候，整个网页会在静默中配合"duang"的节奏左右摇晃几下。显然，这也是识时务的百度的应景之作。

互联网商业的下半场
打造以人性为圆心、以科技为半径的商业模式

截至本书写作之时,这个词在百度百科中的搜索浏览量已经高达 19 500 000 次。同样,百度也通过 19 500 000 次的网页摇晃申明了自己的"玩家立场"。

另一个利益密切相关的当事方霸王洗发水也不甘示弱,火速制作了一个"自嘲自黑"风格的视频《我是拒绝盗版的,正版 Duang 降临》,反戈一"玩",反而让自己从貌似负面的舆论(娱乐)氛围中挣得了正面的加分:

我加特技了么?你还要来黑我,连续七年销量第一,你说我容易吗?一百块钱买两瓶,我还要让你 Duang,一百块钱都不给我,好坏好坏的。买瓶洗发水,大家一起 Duang,这个世界将会多么的欢乐,Duang~Duang~Duang~,一百块钱都不给我,好坏好坏的。[1]

霸王集团的公关负责人对媒体表示:原版"Duang"的视频经过大 V 的起哄发酵,刚过完年的网民们好像找到了一个新的兴奋共同点,在戏谑中狂欢,在恶搞中缓解假期结束后的工作压力,似乎人人都想在网络潮流面前做一回主角,纪念"duang~duang~"一下就过去的春节假期。网络的开放性导致各种各样的所谓"恶搞",其重点已经不在"恶"的层面,而是侧重"搞"的意念。"搞"得越刺激,分享的人越多,这似乎已经成为网络世界人与人的沟通方式了。恶搞已经是与人的尊严、与恶意中伤没有太多关

---

[1] 资料来源:http://news.e23.cn/content/2015-03-05/2015030500482.html。

联的纯粹娱乐形式了。①

这段话大致可以视为这家企业的"玩家宣言"。有意思的是，霸王集团还有意借助"duang"的超高人气顺势推出"duang"系列洗发水！不管这一计划能否付诸实施，霸王集团能够想到这一点，已经可以说是将"玩家意识"用于实践的最好范例了。②

再来看另一位被玩家"恶搞"的主角雷军。

通过"Are you OK"一曲成名的雷军在2015年5月6日的发布会上首先自黑了一下。当天下午，另外一位IT界的名人周鸿祎在手机发布会上也借用了一下"Are you OK"来活跃气氛。这多少可以看出，他们也已经具备了一定的玩家意识。

总之，我们对所有商家的忠告是，当消费者已经变身玩家之后，商家也必须具备相应的玩家意识，才能与消费者同步前行、共创未来。

联想的危机

我们再来看一个缺乏玩家意识的负面案例。

---

① 资料来源：http://www.bzcm.net/news/2015-03/05/content_1669106_2.htm。
② 资料来源：http://www.wj001.com/news/wangyanzhiji/2015-03-05/489481.html。

互联网商业的下半场
打造以人性为圆心、以科技为半径的商业模式

2016年新年刚过，被IT新贵们夺走光环已久的联想CEO杨元庆，因为自媒体上一篇题为"真相：杨元庆是合格的联想CEO吗？"的文章再度成为人们关注的热点人物。[1]

这篇文章背后更多的是人们对于联想这家老牌标杆性企业在移动互联网时代的黯淡无光的关切。

到底是什么让联想陷入惨遭质疑的地步呢？

其实，从两年前另一位自媒体人写给联想"教父"柳传志的公开信中就可以一睹端倪。当时的大背景是柳传志2014年11月24日邀请了十位创业者和媒体人，商谈对联想这样的大公司在移动互联网时代关于生存与转型的思考。那封公开信的核心观点是：

联想的问题是不够酷。酷这件事儿并不是找个明星代言，拍几个酷的广告片那么简单。酷是一种态度，酷是一种文化，酷也是一种组织方式。联想是工业经济和短缺经济时代的代表，而今天的年代是信息经济和过剩经济并存的年代。后工业化的中国就如同布兰森（维珍创始人）说的，一切都是娱乐化。今天所有企业需要的根本改变是要变得更酷，联想也不应例外！[2]

---

[1] 资料来源：http://www.360doc.com/content/16/0216/01/44450_534904159.shtml。
[2] 资料来源：http://money.163.com/14/1204/08/ACK0011700253G87.html。

那封公开信还特别点明柳传志和杨元庆的个性特色都不够酷。显然，领导者的个性特质是会影响到他所统领企业的气质的。

不够酷，说的是联想的表象，而实质则是联想不会玩。

由此，我们可以得出这样的结论：联想这个曾经煊赫一时的品牌之所以日益面临被时代抛在身后的重大危机，正是因为联想缺乏"玩家意识"！

我们再来看一下近几十年来企业或商家与消费者之间关系的演变过程（详见表 4-2）。

表 4-2 企业或商家与消费者之间关系的演变过程

消费特征		企业/商家身份	消费者身份	战略思维
匮乏时代		庄家	散户	工具思维
富足时代	同质化时代	专家	用户	
	个性化时代	玩家	玩家	玩具思维

在物质匮乏的阶段，每一种商品都是用于解决消费者衣食住行诸方面的基本功能性需求的。故而，每一种商品都可以视为一种工具，对应满足某一种需求。市场权力是掌握在稀缺一方的。物质匮乏，企业和商家就拥有绝对的话语权，消费者不但只能俯首帖耳，而且还要趋之若鹜地或排队，或抢夺供给严重不足的商品。两者之间的关系就如同庄家与散户一般，消费者完全唯企业/商家马首是瞻。

随后，社会的发展逐渐进入了富足时代，企业/商家之间的竞争空前激烈，商品大量生产，但也日益出现了同质化竞争的样态。这时候，企业不再像匮乏时代那样，无视消费者，而是开始重视消费者了。但此时的消费者仍然没有什么话语权，关于商品的设计、形态、价格、渠道等要素依然为企业所垄断。消费者只是无知的用户，而企业/商家则是其所在领域的专家。

再之后，随着互联网的出现及迅猛发展，普通的消费者被赋予了前所未有的话语权，从而也开始学会表达自己的个性化需求。此前被严重压抑的玩乐需求也通过互联网渠道尽情释放，并在集体意义上将整个时代推向了娱乐至死的高潮。这个时候，超越基本功能性需求，额外为消费者提供时尚、酷炫、新潮、好玩的情感性需求就成了新的主流。这就是取代工具思维的玩具思维。在玩具思维的时代，消费者转而成为掌权者，其身份意识也日益转换为玩家。只有那些新奇好玩的商品才能抓住他们日渐碎片化、转瞬即逝的注意力，并积极参与商品从设计制造到营销服务的全流程中。

既然顾客已经化身为玩家，如果业已失去了掌控权的企业或商家不能及时转变自身的身份定位，又怎么能与消费者（玩家）同频共振，赢得他们的欢心呢？

联想与小米的对比

从联想一直以来的表现来看，可以说是工具思维的典型代表，抓住了从匮乏时代到富足时代（同质化时代）迈进的时代浪潮，在 PC 业务上大肆扩张，一举登上全球之巅。但是，联想却未能准确判断随后而来的移动互联网时代及其背后以玩家意识为特色的主导性战略思维。

2008 年 1 月 31 日，联想集团以 1 亿美元的价格出售了手机业务，但近两年后的 2009 年 11 月 27 日，又以 2 亿美元的价格买回了手机业务。虽然这一做法广受诟病，但亡羊补牢，还不算晚。

国产智能手机的后起霸主小米，是 2010 年 4 月成立的。小米推出第一部手机的时间是 2015 年 1 月。仅从时间窗口来看，联想并未错失。但联想在手机业务上的表现，却只能让人徒唤奈何。

我们正可以从小米的成功之道来对照出联想的失策之处。小米的成功有得益于价格战（性价比）的因素，但从本质上说，是小米玩家意识的成功。

小米精心运营网络社区，拢聚粉丝，采用线上抢购，用户参与试用，线下举办爆米花节、米粉节等互动手段，与化身为玩家的消费者一起畅玩，非常迅猛地从一家初创企业成为业界巨鳄。这样的指数式成长是传统的商业理论无法理解与剖析的，如果不是与时俱进的玩家意识带来的时势推动力，绝对是不可能完成的奇迹。

联想与华为的对比

也许有人会这样认为，小米和联想的初创基因就截然不同。小米选择玩具思维是时势使然，联想僵守工具思维也是惯性所致，是很难从根本上加以改变的。

但是，如果我们看一看华为就知道这个结论过于迷信基因决定论，而忽视了人的主观能动性。

华为显然也是工具思维最有资格的代言人之一。但是，进入玩具思维的智能手机角逐后，华为一开始也只能屈居低端市场。但是，小米的成功却刺激了华为，华为采取"克隆小米"的做法，学会了小米的玩家意识及种种玩法。在这个大前提下，华为在技术研发上的优势以及在执行力上的狼性精神就发挥了重要作用。华为的"荣耀"新品牌手机销量在一年之内能够从100万部增加到2 000万部，并日渐占据了更大的高端智能手机的市场份额。到了2015年年底，华为已经取代小米成为新的领跑者。

华为作为一家以技术立身的老牌企业，先前所服务的多是工业级的客户，而非以个体形式出现的终端用户。这样一家"工具思维"严重的企业都能够华丽转身，以饱满的玩家意识攻克智能手机的市场堡垒，联想又凭什么不能做到呢？

判断一个人是不是英雄、一个CEO是否合格、一家企业是不是伟大，

第 4 章
玩家意识：消费者身份意识的迭代演变

最关键的不是看他们做了什么，而是要看他们在全新的时势下能否与时俱进，因应顾客需求的转变而做出痛苦又瑰丽的转变，并开创出新的业绩。

联想的危机，代表了一大批传统企业的危机。华为的胜利，也代表着一大批传统企业的希望。何去何从，一切取决于自己的抉择与决心。

最关键的是，在消费者已经变身为玩家的当下，缺乏"玩家意识"的企业一定会被时代的浪潮打下船舷！

第 5 章　玩家路径：多元化战略的制胜之道

多元化战略往往是成功者的选择，但具有讽刺的是，多元化的成功案例却并不多见。从定位论的角度来说，这是很好理解的。成功的品牌往往是在消费者心智中占据了一个鲜明而强有力的位置，这在给品牌带来巨大的定位红利的同时，也极大地束缚了品牌的多元化延伸。所谓"有所得必有所失"，越是成功的品牌，多元化就越艰难。

但是，当商业进入互联网时代，定位论赖以诞生并发挥重大效用的市场土壤已经发生了颠覆性的变化。消费者的心智认知模式也随之发生了极其重大的变化。在现阶段的情境下，多元化是不是依然遵循定位论设定的轨道而很难逾越呢？还是说存在着新的成功路径呢？

日化行业的教训

不妨以多元化战略最为普遍的日化行业为例，来做一个探究。

两面针牙膏曾经是行业的佼佼者。2005 年，其销量仅次于国际品牌佳洁士和高露洁，在国内同类产品中保持第一。2007年，两面针自称其多元化战略已形成出口贸易、房地产、实业及资本运营四大板块，发展态势看起来非常好。

此后，两面针的多元化业务进一步拓展至口腔护理用品、洗涤用品、妇女卫生用品、生活纸品、医药、精细化工、制浆造纸和房地产等诸多产业。

两面针实施多元化战略的初衷当然是做规模加法，但事与愿违。

到了2013年，公司的主营业务急剧萎缩，牙膏销售额仅为0.79亿元（仅相当于2006年3.12亿元的顶峰销售额的四分之一），而多元化业务的总营业利润还不到300万元。两面针原想一箭双雕，结果却是双线失利。[1]

两面针的不堪经历并非日化行业的孤例。一度极大获益于多元化战略的云南白药是一个更为经典的案例。

云南白药最成功的跨界举措是在2004年推出了云南白药牙膏。这一步跨越，使云南白药从单一的医药行业迈入了姿彩万千的日化行业。云南白药牙膏异军突起，很快取得了巨大的成功，成为云南白药全新的增长点。云南白药由此像两面针一样，乐此不疲地开始了自己的多元化之路，却没有想到，牙膏竟会是唯一的成功亮点。

此后，云南白药所涉及的洗发水、面膜、沐浴露、药妆、卫生巾等，

---

[1] 资料来源：http://finance.ifeng.com/a/20160907/14864276_0.shtml 及 http://money.163.com/14/0804/08/A2PRUNC9002552IH.html。

几乎无一可言成功。更为悲惨的是，近五年来，云南白药旗下的产品10次登上了黑榜（因产品质量问题被消费者投诉）[1]。

在忠实的定位论粉丝看来，上述企业的多元化失败是显而易见的必然。

根据定位论，顾客对某一品牌的认知具有唯一性。当顾客认定两面针是牙膏品牌、云南白药是跌打损伤药品品牌后，就很难在头脑中再将其与其他的产品品类关联起来。更为甚者，即便通过广告轰炸等手段强行将其旗下的多元品牌等与云南白药关联起来，却更容易导致人们出现认知误解：专治跌打损伤的云南白药的品牌特性和品牌调性与面膜、卫生巾绝对是风马牛不相及，不但起不到好的作用，反而容易引发不良联想。所以，企业应该根据自身的产品定位，集中资源，投入其中，而不应该肆意分散精力，四处出击，最终导致顾此失彼，全线失守。

定位论符合人类的基本认知机制，可以解释几乎所有的多元化失败案例。但为什么云南白药牙膏却取得了堪称辉煌的成功呢？

意外还是例外

这到底是一个意外，还是一个例外？

---

[1] 资料来源：http://finance.china.com.cn/stock/special/ynby 及 http://news.xinhuanet.com/fortune/2013-01/21/c_124256960.htm。

如果这只是意外或例外，那么我们也就可以放心大胆地下一个结论了，即多元化战略不啻是洪水猛兽，看上去很美，真的投入了，就会血本无归。

但其实，云南白药牙膏的成功既非意外，也非例外，而是能够找到合乎心理认知逻辑的原因的。

表面上看来，云南白药（专治跌打损伤）和云南白药牙膏（口腔卫生）毫不搭界，但实际上，云南白药牙膏的研发灵感直接来自于消费者的痛点需求。

中国人罹患口腔卫生类疾病的不在少数，很多人都得过口腔溃疡或牙龈出血。但这又不是什么大病，不值得劳师动众去医院诊治。有的消费者就在刷牙时往口腔里放一点云南白药，没想到效果相当好。当消费者把这一信息反馈给云南白药厂方后，直接推动了云南白药牙膏的问世。

这一背后细节表明，多元化战略并非毫无希望的断头路，反而有可能突破定位论的铁幕而获得极大的成功。

事实上，如果我们放开眼量，投注于日化行业之外的广袤领域，还能发现另一个置定位论于全然不顾的多元化战略的超级成功案例，这就是创业狂人理查德·布兰森一手打造出来的维珍（Virgin）品牌。创业几十年来，布兰森在维珍这个统一品牌下创立了近400家企业，最终有100多家生存了下来，而且活得还不错。这其中有维珍航空、维珍汽车、维珍可乐、维珍出版、维珍化妆品、维珍婚礼、维珍电器、维珍游戏、维珍电影、维珍大卖场、维珍移动、维珍理财、维珍唱片、维珍假日等，甚至还有提供亚轨道太空飞行点维珍银河（Virgin Galactic）及利用潜艇勘探大西洋深达 7 英里[①]的海沟的维珍海洋（Virgin Oceanic）……

英国著名歌手彼得·加百利（Peter Gabriel）对此"挖苦"道：

真让人无法忍受！维珍在做任何事情。早上醒来，你在听维珍电台，你穿上维珍牛仔裤，你去维珍大卖场，你喝维珍可乐，你坐上维珍航空去美国，不久维珍还会提供维珍生育、维珍婚礼以及维珍葬礼。

其实，这正是对维珍最大的褒扬。布兰森本人也经常在公开场合宣称，如果有谁愿意的话，他可以这样度过一生——喝着维珍可乐长大，去维珍影院看电影，通过维珍网站（virgin.net）交个女朋友，和她坐维珍航空去度假，享受"维珍假日"无微不至的服务，然后由"维珍新娘"安排一场梦幻婚礼，直至最后拿着维珍的养老保险进坟墓。

维珍的秘密

维珍在多得令人眼花缭乱的行业和品类中取得了耀眼的成功，显然不可能是例外，更不可能是意外。

---

① 1 英里 =1.609344 千米。

那么，为什么维珍的多元化战略能够如此酣畅淋漓地将定位论打得满地找牙呢？只有搞清楚了这个问题，多元化战略才有可能找到一条安身立命的路径。

定位论曾经是工具思维时代的明珠。但是在互联网颠覆性地繁盛之后，物质丰沛、顾客掌权以及生活节奏的急速加快带来的玩乐匮乏，逐渐将玩具思维推向了工具思维曾经牢牢占据的战略思想宝座。

所谓工具思维，就是重在满足消费者基本功能性需求的产品战略观。这正是定位论最为擅长的领域。

比如，舒肤佳香皂的定位就是杀菌，沃尔沃汽车的定位就是安全，王老吉的定位就是防止上火。每一个定位都对准了消费者的某一个基本功能性需求（这一需求也有可能是产品定位后通过广告宣传塑造出来的认知结果）。

玩具思维则是指超越产品基本功能需求，赋予用户感官刺激、情感享受，满足其玩乐欲望的产品战略观。

当前，我们正处于从工具思维向玩具思维切换演进的进程之中，我在《玩具思维：改变未来行业的新思维》一书中针对时代大背景变幻下的消费者身份意识的转变，明确提出：

工具思维所对应的消费者是"用户"，而玩具思维所对应的消费者则是

"玩家"。从顾客的消费价值判断准则也随之从"用户意识"转向了"玩家意识"。

用户意识立足于功能性与性价比的衡量，玩家意识则通过情感性与玩娱度来判断。

更直白地说，用户会从"有没有用""值不值"的角度来决定是否购买，而玩家则一定会从"好不好玩""新不新奇"来决定是否投注自己的注意力，然后再做出是否购买的决定。

搞明白了"玩家意识"，我们就可以很轻松地解开维珍品牌为什么可以无视定位论这一铁律，而肆无忌惮地在几乎所有的行业开疆辟土了。

大玩家布兰森

事实上，维珍品牌的创始人布兰森本人就是一个最为前卫的大玩家。他的做法远远领先于整个时代。在工具思维占据统治地位的时代，他就已经用玩具思维横扫一切了。而当玩具思维时代降临后，他的玩家做派将会在多元化领域内取得更大的成功。

我们首先来看看布兰森的"玩家宣言"。

有一位记者曾经直截了当地问布兰森为什么这么喜欢作秀。布兰森回答说："我觉得做人不必太严肃。维珍现在名列世界最受人尊敬的五大品牌之一，它和好玩画上了等号，我觉得假如能逗大家笑，就算让自己出丑，也对品牌无害。"

如果一定要拿定位论来说事，那么维珍的定位就是布兰森口中的"好玩"。

好玩是不受任何行业、品类限制的。

只要消费者认定维珍是一个好玩的品牌，那么不管是航空业务、电器业务，还是出版业务、游戏业务，只要好玩，他们就认账买单。

实际上，布兰森看似不羁放纵地随意开疆扩土，但其实他在将维珍这个统一品牌用于新领域时是十分慎重的。他曾经明确提出了5条准则，即任何维珍的新产品或服务必须具有以下属性：

1. 有最佳品质；
2. 有创意；
3. 较高的金钱价值；
4. 对现有其他选择具有挑战性；
5. 能增添一种趣味或顽皮感。

这其中的第1、第3、第4条和其他创业家的思考差别不大，但我们需要特别注意第2条和第5条。

"有创意"和"能增添一种趣味或顽皮感"则正契合了日益变身为"玩家"的本质需求。

布兰森自身所具备的超强玩具思维和玩家意识，使得他可以不断地花样翻新，与"玩家"们同频共振，建立强烈的情感链接。比如：

他会打扮成蜘蛛侠的造型，和一群几乎全裸的模特一起打标语，在伦敦街头为维珍手机促销；

他会开着坦克驶入纽约的时代广场，为维珍唱片连锁店进军美国市场造势；

他会装扮成印度王子从孟买高楼一跃而下，然后敲着鼓推出他们在印度开设的第一家公司；

在维珍航空宣布开通从上海经停伦敦至爱丁堡、曼彻斯特和阿伯丁的三条联程航班的首航仪式上，他会身着一袭传统的苏格兰红裙，当众亮出"裙底"。

……

毫无疑问，这些玩家风范一定会极大地吸引消费者的好奇心，从而毫不费劲地将维珍品牌的特质传播出去。

好玩是没有思维界限的，好玩是可以超越定位的。

消费者没有理由不喜欢一个能够在枯燥烦闷的生活中为他们带来感官

刺激、情感享受的品牌。更重要的是，在这一次次出人意料的活动中，经由布兰森这个活生生的载体，消费者与维珍品牌建立起了非常强烈的情感链接。

众所周知，人类是一种情感性动物。当一个人在情感上认同另一个人的时候，他几乎愿意接受这个人所提供的一切。将这一点推延至产品和品牌，维珍的定位悖论也就迎刃而解了。

多元化的玩家路径

一个品牌只要赢得了消费者的强烈情感认同，就可以为所欲为。当品牌能够与消费者在情感层面上建立链接、发生对话，功能层面的衡量就退而居其次了。

所谓"爱屋及乌""一好百好"，也是符合人类大脑认知机制的基本规律。

正如前述，定位论的着眼点是功能性与性价比的衡量，而玩具思维的着眼点则是情感性与玩娱性的衡量。通过对维珍这一超级成功案例的剖析，我们也找到了一条普适性的成功实施多元化战略的"玩家路径"。

再回到云南白药折戟多元化的话题，我们就可以很清晰地看到其症结所在了。

除了牙膏沿用了本体品牌外，云南白药的其他产品品类都各有品牌，如养元青洗发水、采之汲面膜、千草堂沐浴露、"日子"苦参系列卫生巾，这些品牌有的是自创，有的是并购而来。这些产品品类与云南白药作为奇效药品的基本特性并不吻合，所以采取多品牌也是实施多元化战略的较好选择。这和日化巨头宝洁、联合利华的做法如出一辙（其实施难度要大大小于维珍的一个品牌打天下）。

这种各自为战、各取一个细分市场的做法，在工具思维时代曾经是有效的。诸如宝洁、联合利华这样的巨头，旗下光是洗发水品牌就有好多个，却也依然取得了成功。但是，进入玩具思维时代后，多元化战略的标杆企业宝洁也已遭受重创。

2014年，宝洁忍痛做出了"通过出售、停产及自然淘汰等形式，剥离或退出90~100个旗下规模较小的品牌，把品牌数量缩减一半以上"的决定。

所以，宝洁、云南白药、两面针等日化行业的骄子失利于多元化战略的本质原因是一样的。

第一，这些各自为战的子品牌并未与时俱进，与通过互联网掌握了巨大话语权的消费者建立情感链接。在公司掌权的工具思维时代，日化巨头确实可以通过广告营销手段将不同的品牌定位强行灌输给消费者，但现在拥有选择权的消费者最希望的就是好玩、时尚、酷炫的产品及推广活动。

第二，这些各自为战的子品牌相互间没有形成关于品牌调性的合力，也未能与主营核心品牌形成和谐的情感层面的互动。比如，云南白药旗下的"日子"苦参系列卫生巾的功效主打清热解毒、缓解湿热，苦心孤诣、力图和云南白药的"品牌药效"拉上一点关系。但其实这样做颇为牵强，也形成不了任何的情感共鸣力。这种完全仅仅基于功能性的推广方式已然严重失效。

再反观维珍的成功做法，关于多元化战略的质疑已经不攻自破。不管是日化行业，还是其他行业，多元化战略都并非只是水中望月般的"票房毒药"。其能否成功，关键取决于以何种方式来实施。

如果我们能够深刻地认识到玩具思维及玩家意识的趋势性正确，从而在战略制定及执行层面为多元化子品牌"增添一种趣味或顽皮感"，完全有可能像布兰森那样玩好多元化战略游戏。

当各个子品牌超越了基本功能属性的限制，是有可能在感性认知层面形成情感合力，与消费者建立情感链接，并进而形成品牌合力的。

这就是多元化战略的"玩家路径"。

好玩的特质适用于任何品牌，好玩的调性可以贯通任何产品。

在战略理念从"工具思维"转化为"玩具思维"的时代，在消费者身份从"用户"转化为"玩家"的当下,企业及品牌必须具备"玩家意识",在身份意识上与消费者换位思考,从而超越"定位论"的限制,在多元化战略上取得更大的成功。

第 6 章　道具思维：自恋时代的战略新思维

到底是什么因素促动消费者购买这一种商品，而不是另一种商品？到底是什么因素促动消费者购买这一品牌的商品，而不是另一品牌的商品？

产品的价值维度

消费者在做购买决策的时候，一定会思考所选购的商品能够给自己的带来什么样的消费体验或消费价值。

如果一件商品能够满足消费者的某一个基本功能性需求，那么这件商品就具备了工具价值。例如，为修理自行车而购买的螺丝刀或老虎钳，为了填饱肚子而购买的方便面或快餐等。这属于工具思维的范畴。

如果一件商品在满足基本功能性需求之外，还能为消费者带来某种独特的情感体验，这件商品就具备了玩具价值。例如，飞利浦的无线智能照明系统 Hue（配有 LED 灯泡组）除了能够提供照明之外，还可以在房间里营造出五颜六色、绚丽多彩的氛围，将家庭改造为举办派对的场所。这属于玩具思维的范畴。

如果一件商品还能够让购买它的消费者对外呈现出独特的品位、素养，乃至于身份、地位以及其所属的阶层，那么这件商品就具备了道具价值。例如，同样是为了切菜而购买菜刀，有的人随便在地摊上买杂牌货，有的人则一定要购买德国双立人品牌的。从功能性来说，两者的差别绝不如价格的差别来得大。但是，购买双立人的顾客一定认为只有高端的品牌才与自己的身份、地位、实力相吻合，而绝不会随随便便购买杂牌货的（除了特殊的情形）。

所以，商业运营者在工具思维和玩具思维之外，还必须具备道具思维，才能较为完整地掌握消费者的购物心理。

道具思维的定义

由此，我们也给出道具思维的定义：

人们在追求群体归属和社会认同的内在心理驱动下，而购买特定的商品或特定的品牌，以彰显自身相对于其他社会群体的优越性。

这种思维模式就是道具思维。

我们知道，工具思维和玩具思维是一种既对立而又相互转化的关系，

第 6 章
道具思维：自恋时代的战略新思维

工具的玩具化和玩具的工具化是一个持续进行的动态过程；或者说，玩具等于好玩的工具，工具等于玩腻的玩具。而道具思维与工具思维、玩具思维的关系则有所不同。

道具思维可以与工具思维或玩具思维完美融合，不存在任何的对立关系。双立人的菜刀既是优良的厨房工具，又是完美的实力加品位的道具。风靡全球的特斯拉电动汽车既是富人的玩具，又是彰显环保意识的道具。电动汽车相对于燃油汽车，可以极大地减少碳排放。很多富豪为了显示自己关爱地球的美好情怀，急需用特斯拉这样的高端道具来为自己背书。在特斯拉走红之前，很多美国富人选择丰田的普锐斯混合动力车作为环保道具。

从道具思维出发，我们可以更为通透地解读当下很多公司或品牌崛起或困顿的本质原因。

我们知道，苹果公司的 iPhone 手机是玩具思维最典型的代表性产品。iPhone 不仅仅是一个通话工具，而且是融照相机、MP3、游戏机、导航地图、网络浏览等众多功能于一体的玩具。除此之外，iPhone 手机还是一个代表实力与品位均为上上之选的道具。在 iPhone 推出之初，炫耀感十足，所到之处吸引的全是艳羡不已的眼光。拥有一部 iPhone 的人自然具备很大的优越感。

iPhone 巨大的道具价值甚至催生了一种独特的买卖。很多买不到、买不起 iPhone 的人，出于炫耀的目的，在淘宝上购买一个能够在 QQ 上显示出"手机 iPhone 在线"的软件。这种造假行为看似不堪,却鲜明地表露出了 iPhone 所蕴含的道具价值。不得不说,当初起意开发这一"造假软件"的人,对"道具思维"的理解确实深刻。

苹果手机的价值危机

但是,当苹果公司为了追求高额利润,连续大批量地生产之后,iPhone 日渐成为街机。这时候,iPhone 手机彰显优越性的标签作用也就日渐消失了。人们已经不再以拥有 iPhone 为荣。而苹果公司后续创新乏力,再也没有推出可以在道具价值上取代 iPhone 的新玩具性产品。这直接造成了苹果公司的重大危机。

2016年7月26日,苹果公司发布了2016财年第三财季业绩。报告显示,苹果公司第三财季净营收为423.58亿美元,低于去年同期的496.05亿美元;净利润为77.96亿美元,比去年同期的106.77亿美元下滑27%。期内苹果公司共售出4 039.9万部 iPhone,比去年同期的4 573.4万部下滑15%;财报还显示,苹果公司第三财季大中华区营收为88.48亿美元,同比下滑了33%,是苹果公司各地区中下滑最为明显的区域。当苹果公司在中国开的旗舰店、零售店越来越多的时候,市场份额及营收反而大幅下降,这更能说明问题。①

---

① 资料来源:http://finance.huanqiu.com/ppgc/2016-08/9266219.html。

苹果公司的大中华区包括中国大陆、中国香港特别行政区和中国台湾地区。大中华区因其历史的原因，对于身份等级意识比较强烈，iPhone 手机的道具价值在此自然是大显身手。当初大中华区成为苹果业绩最给力的地方，也正是得益于此。但随着 iPhone 手机道具价值的丧失，自然是成也萧何，败也萧何了。

小米落后的真相

我们还可以看看另一个玩具思维的代表性品牌——小米。小米从无到有，异军突起，充分利用了玩具思维的理念，创新了很多好玩的营销套路。但与此同时，小米也巧妙地找到了一个具备道具价值的宣传点。这个点就是"高质低价，做发烧友的手机"。

当时，iPhone 手机雄踞道具价值榜的顶端，但其高昂的价格令很多收入有限的年轻人心有余而力不足，只能望机兴叹。小米抓住了这个空隙，以相当于 iPhone 手机三分之一的价格推出了自己的手机。这个价格本来是毫无道具价值的，会被人理解为廉价的低端手机，但小米采用了与高端手机差不多的配件，给购买者冠以"发烧友"的名号，就成功解决了购买者的面子问题——花小价钱买到了高端手机。"发烧友"是有道具价值的，购买者自成一个群体，相对于其他群体也有了优越感。

正是玩具思维和道具思维的完美结合，使得小米手机在 iPhone 手机的巨压之下，疯狂成长，成就了新的商业奇迹。

但是，在2014年还如日中天的小米，进入2016年以来，业绩却节节下滑。2016年第一季度国内手机销量榜上，小米甚至跌出了前五名。[1]

2016年7月11日，小米举行内部庆功会，庆祝红米手机销售量达1.1亿部。但其实正是3年销售了1.1亿部的红米手机拉了小米的后腿。红米手机定位低端，直接就摧毁了所谓的"发烧友手机"的道具价值。[2]

价格定位失去了道具价值，创新乏力失去了玩具价值，就只能拼工具价值了，即纯粹的价格战。

但在这一点上，小米又怎么拼得过在线下渠道深耕多年的其他国产手机品牌呢？所以，我们看到了OPPO和vivo双双抢到了小米身前。

小米还宣称要重拾发家法宝，推出"一万元钱品质"的手机，售价是四五千元。但问题是：已经被低价低端拉下来的道具价值，很难逆流而上。

其实，小米错过了推出高端机型的最佳时间窗口。小米应该在如日中天的时候，趁势推出"超级发烧友"的标签，为一部分在职场上快速成长、经济实力趋好的米粉提供更高端的道具价值，而不是做相反的操作。在现

---

[1] 资料来源：http://mt.sohu.com/20160506/n448004490.shtml。
[2] 资料来源：http://money.163.com/16/0711/20/BRNKHP3T00253B0H.html。

阶段，小米要想重塑道具价值，除非找到高超的策略，否则是很难如愿以偿的。

风光不再的优步

我们再来看看共享经济的风云企业优步（Uber）。优步号称不花一分钱做广告，而是用各种好玩的营销活动拉动了市场（即玩具思维的运用），但不可否认，优步在中国的兴起也得益于道具思维的助力。

优步曾经于2015年4月24-25日在北京推出了"一键呼叫CEO"活动。优步北京负责人姜智亚以及领英、多邻国、宝驾租车、App Annie、印象笔记、节操精选、穷游等16个企业高管乘坐轿车围绕清华大学转，学生通过优步应用叫车，可以和高管在车上进行15分钟的面试交流。[①]

这个活动影响很大，对于优步初期的推广起到了很大的作用。这是典型的玩具思维的运用。但从另一个角度来看，这些工作繁忙的CEO们为什么乐于免费参与这次活动呢？要知道，这些高管甚至是花钱也不一定请得来的。

实际上，这是被优步的道具价值吸引而来的。优步是一家源自于美国硅谷的创业企业。硅谷对于很多中国互联网公司来说，就是一个圣地。优

---

① 资料来源：http://36kr.com/p/532232.html。

步作为硅谷最新的明星企业，站在了全球共享经济的潮头，对很多 IT 业的企业高管是很有吸引力的。他们把参与优步的活动作为一种荣耀，以证明自己的前瞻与新潮。所以，这些 CEO 才会不要报酬，热情参与。

另外，影视明星佟大为驾驶着售价近 100 万元的特斯拉电动汽车，作为一名优步的司机在上海满地转悠着拉客。显然他也不是为了钱，而是利用优步和特斯拉的双重道具价值来显示自己正在引领时尚与新潮。[①]

但是，当优步在日渐普及中陷入了与滴滴出行的补贴大战后，其道具价值也已消耗殆尽。现在的优步，即便给钱也不一定能让 CEO 和明星们趋之若鹜、引以为豪了。

普适性的应用

从上述案例分析来看，如果我们了解并掌握了道具思维，对于判断企业及品牌的沉浮兴衰就会更加精准透彻、接近本质。同时，道具思维也能帮助企业及品牌更好地塑造自身优势，应对竞争。比如，现在华为手机取代小米而成了国产手机的领跑者。但我们始终不清楚华为手机的道具价值何在。现在整个手机行业创新乏力，基本陷入了工具性竞争。这正迎合了华为的传统优势。如果华为能够着手塑造自身的道具价值，其竞争优势将

---

① 资料来源：http://www.woshipm.com/operate/255696.html。

会更为突出。

当然，我们以手机行业为例，并不仅仅是为了分析这个行业。事实上，"道具思维"及其与工具思维、玩具思维的结合性思考适用于当下以及今后很长一段时间内的所有行业、所有产品。

最后，我们再来梳理一下道具思维、工具思维及玩具思维之于消费者的心理托衬，从消费者的心理感受出发，也许能更好地理解、运用这三种战略性思维（详见表6-1）。

表6-1　消费者道具思维、工具思维及玩具思维的心理需求

战略思维	消费者心理需求
工具思维	实用感、便利感
玩具思维	参与感、体验感
道具思维	归属感、优越感

第 7 章 自恋驱动：粉丝经济的本质与未来

粉丝经济在当下正是热潮澎湃，同时也是乱花直欲迷人眼，让很多有意效仿者无所适从。这主要是因为人们尚未能从本质上洞察粉丝经济。

强力释放的自恋

那么，粉丝经济的本质到底是什么？

有的人说是信任，有的人说是忽悠。这两种二元对立的看法其实看到的都只是表象。要想搞清楚粉丝经济的本质，让我们首先关注一种在互联网革命主导下的全球性普遍现象——自拍。

2013 年，牛津词典将"selfie"（自拍）这个突然流行起来的新创词汇选为年度词汇，并将其解释为"通常由智能手机拍摄并上传至社交网络的自拍照片"。这足以说明，"自拍"已经成为互联网时代人类最新的行为进化，无论是明星政要还是草根百姓，无论在天涯海角还是庙堂圣殿，都能看到乐此不疲的自拍者。

这种时刻想要将自己的影像记录下来，并在朋友圈中传播的心理冲动，甚至成就了一个非常小众的产品市场——极限运动专用相机 GoPro。[①]

GoPro 相机的创始人兼 CEO 尼古拉斯·伍德曼（Nicholas Woodman）是一个狂热的冲浪爱好者，他非常渴望将自己冲浪时的矫健风姿拍下来。但传统设计的防水数码照相机却只比普通相机多了一个防水罩而已，当人们在冲浪时，根本不可能兼顾好自拍这件同样重要甚至更为重要的事情。

于是，伍德曼潜心研发出了一款可以牢牢绑在冲浪者手腕上的专用自拍相机。当冲浪者划水时可以将相机平放，拍照或录像时可以将相机直立起来，从而完美地解决了冲浪时自拍的难题。后来，GoPro 相机也成了滑雪、登山、极限自行车及跳伞等其他极限运动爱好者的至爱。

那么，人们为什么这么喜欢自拍呢？

其实，自拍只是一种手段，自拍的目的是为了自炫。如果缺乏自炫的渠道或平台，不能通过自炫得到他人的关注、欣赏和赞美，人们会失去自拍的热情与动力。如果再进一步深入人们的心理底层，就会发现自拍、自炫背后的心理驱动力就是自恋（narcissism）。

"自恋"一度被精神分析的开创者弗洛伊德视为一种人格障碍。也就是

[①] 资料来源：http://www.ithome.com/html/it/144567.htm。

说，严重的自恋者就是精神疾病患者。

后来，自体心理学的创始人科胡特（Heinz Kohut）通过丰富的心理咨询实践发现，适度的自恋非常有利于自我价值感的形式与维护，而这对于一个人的身心健康大有裨益。

互联网的出现及迅猛发展，在消解了传统的时空制约的同时，也在很大程度上消解了旧有的权威，为普罗大众提供了前所未有的自我展示的话语权及多向互动的即时社交平台。这也使得人类第一次在整体意义上形成并表达集体性自恋成为可能。当然，这里的集体性自恋所指的是广义理解上的、适度的、健康的自恋，而非狭义理解上的、病态的过度自恋。更直白地说，互联网使得普遍性的自恋成为可能。而前互联网时代，人们的自恋冲动一直被压制，以致很多人都忘了自己的这一天性。

自恋驱动粉丝经济

自拍、自炫都只是表象，真正的内核动力就是人们的自恋。正是在自恋的驱动下，所谓的粉丝经济才得以生发、形成、繁盛。这就是粉丝经济的"自恋效应"。我们也只有在深刻理解自恋驱动作用的基础上，才有可能明悟如何构筑、运作、维护粉丝营销。每个人首先是自己的粉丝。

科胡特提出，自恋是人类的一般本质，每个人本质上都是自恋的，自恋代表着一种真正的自我价值感。

自恋的第一形象代言人就是古希腊神话中的美少年纳西塞斯（Narcissus）。他看到自己在水中的倒影后，就爱上了自己，从此认为人世间所有的美少女都配不上自己，最终憔悴而死。纳西塞斯看到的其实是一个理想化的自我，所以，他成了自己忠诚至死的粉丝。

那些疯狂自拍的人们，其实内心涌动着的也是一个理想化的自我。

自拍者千方百计地寻找合适的角度，选择自己满意的照片，再经过软件的精心修饰，然后上传至微信、微博等社交媒体，等待粉丝或好友点赞、评论。这是一个完整的自我价值感的释放、修补与重构的过程。

从产品的角度来看，社交网络 Facebook 之所以坐拥 10 亿多用户（粉丝），微信之所以短短几年用户（粉丝）超过 4 亿，就是因为他们帮助每一个用户首先成为自己的粉丝，并在便利的社交互动中拥有了众多的粉丝。自恋由点而线而面，最终成为自恋之网，Facebook 和微信等就是承载自恋之网的平台。

自恋者依赖于他人的反应来证实自己的重要性。而且，自恋者非常敏感，迫切希望别人看到自己的突出、独特和优越性（即理想化自我）。

但是，一方面绝大多数的人清楚地知道现实自我和理想化自我之间的差距（这也是他们没有沦为病态自恋的强力证明）；另一方面，又十分渴求能够快速构建理想化的自我。

第 7 章
自恋驱动：粉丝经济的本质与未来

这就给所有致力于打造粉丝经济的公司或品牌提供了最好的市场机会。因为，绝大多数人无法通过内心的修炼塑造出一个理想化的自我，只能将内心的期望投射于外，借助于外力、外物的帮助来塑造理想化的自我。

如果一家公司或一个品牌能够通过自己的产品或品牌的价值传输加持，帮助顾客成功塑造出理想化的自我，顾客怎么会不成为你的忠诚粉丝呢？

iPhone 手机上市，竟然有人卖肾以求。在这位狂热得失去理智的粉丝看来，他的现实自我与内心的理想化自我之间，所匮乏的就是时尚、新潮、酷炫这些气质，而 iPhone 手机正好能够补足他的匮乏，必须奋力求取。而他自己的肉身本来就是不完美的，何不妨再榨取出一部分，以换取精神自我的完美？这就是他整个的受自恋驱动的心理动力过程。

这当然是极端的例子。但是，iPhone 手机在全球范围内所引发的狂热追捧，很大程度上都是因为粉丝的自恋驱动带来的。且不说别的，很多买不起 iPhone 手机的人为了在 QQ 上显示出"iPhone 手机在线"的状态，竟然纷纷求助于为这一特定需求而开发的软件。可见，一个人为了满足自己的自恋，可以无所不用其极。

再如，小米手机的目标客户以学生为主，有人把他们说成一帮买不起 iPhone 手机的年轻群体，我并不认可。但小米打造出一个"为发烧而生"的"自恋驱动性概念"，通过较高的性价比让顾客得以在 iPhone 手机之外得到另一种时尚、新潮、酷炫的气质，从而成就了其广为传颂的粉丝营销。

又如，豆瓣网能够给予用户的是小清高的"文艺青年"气质，这吸引了大量理想化自我中缺乏这一气质的粉丝。

还如，QQ 和 MSN 这两个即时通信工具曾经泾渭分明。MSN 的标签是高大上，而 QQ 的标签则是草根。海归、小资白领以及渴望成为高端人士的用户自然普遍选择符合其自我内心投射的 MSN，而不会选择 QQ。尽管 MSN 一直没有提供 QQ 类似的视频通话、离线发送、断点续传、截图、群组等用户体验良好的功能，但直到 2014 年 10 月 31 日，微软正式停止 MSN 的运营时，依然还有几千万的忠诚粉丝。其原因就在于 MSN 的存在有助于他们构建理想化的自我，以满足内心的自恋需求。

自恋悖论

虽然自恋者的自尊心很强，同时他们的自尊心也很脆弱，这也称之为"自恋悖论"。

这一特性是每一个致力于打造粉丝经济的产品或品牌尤其要注意的。一旦你的产品无助于用户塑造理想化自我，达成自恋，很快就会失去粉丝。

比如，苹果公司推出的廉价的 iPhone 5C，小米公司推出的低端红米手机，都直接伤害了其自身的自恋塑造力，而导致原来的忠诚粉丝弃之如敝龌。最典型的例子是轻奢侈品牌Coach。[①]

Coach是美国最大的奢侈手包制造商，也是一个相对年轻的奢侈品牌。Coach刚刚上市时，不但在设计风格上模仿大牌，而且选择紧邻LV、Prada这些老牌奢侈品牌的位置开设体验店。店内的陈设布置也是紧随模仿。与此同时，其价格却还不到LV、Prada的一半。

性价比如此之高的Coach很快就吸引了一大批此前缺乏实力构建一个尊贵、奢华的理想化自我的顾客。

但是，Coach随后的大肆扩张战略却带来了严重的问题，导致顾客大量流失。他们立足于将Coach打造成一个人人都买得起的奢侈品牌，于是疯狂地开设新的店面。从2009年到2014年的5年间，Coach在中国的55个城市开出了155家门店。而在美国，Coach工厂店的折扣网站每周都要做3次活动。在最疯狂的2013年，Coach的打折日竟然占到全年的三分之一。

这些不明智的做法，很快将Coach品牌业已建立起来的自恋塑造资源消耗殆尽。当满大街的人的背着Coach的时候，Coach也就失去了帮助消费者构建高贵、精英的理想化自我的能力，渐渐失去了吸引力，其股价也节节下滑。

[①] 资料来源：http://www.chinasspp.com/News/Detail/2015-5-27/197608.htm 及 http://www.sjfzxm.com/news/shichang/201510/29/469359.html。

粉丝经济的本质

互联网的发展极大地激发出了顾客的自恋需求，而自恋驱动则是粉丝经济的本质要素。顾客之所以会成为某一产品或品牌的粉丝，其根本目的就是要从这一产品或品牌中汲取他所缺乏的性格特质，用以构建理想化自我，满足自恋的精神需求。

所以，如果你想要致力于让顾客成为你的产品或品牌的粉丝，首先就要致力于让顾客对自己满意，成为自己的粉丝。否则，再好的产品，再牛的品牌，都是注定不会有未来的。

第 8 章　粉丝激励：粉丝忠诚度的维护秘诀

在互联网咄咄逼人的冲击下，传统营销理论殿堂中的偶像纷纷轰然倒地，被新的理论无情地取而代之。"粉丝迷恋周期"之于"产品生命周期"的颠覆，就是一个典型的例证。在传统的世界里，"产品生命周期"以"年"为计量单位；而在互联网的世界里，"粉丝迷恋周期"则以"月"甚至以"日""小时"来计算（关于"粉丝迷恋周期"的详细介绍，参见本书第 9 章）。

在这样严苛的背景环境下，"粉丝忠诚度"的构建与维护就显得尤为重要。毕竟，哪一家公司、品牌或产品不希望粉丝对自己的迷恋周期长一点、久一些呢？谁愿意成为随时失去粉丝关注的易碎品呢？

那么，如何来构建、维护粉丝忠诚度呢？

《激励相对论》一书为我们提供了一个颇具可行性的思考框架。激励相对论提出了以下五条法则：

- 匹配法则，不匹配的奖励就是惩罚；

- 变化法则，不变化的奖励就是惩罚。
- 及时法则，不及时的奖励就是惩罚；
- 公开法则，不公开的奖励就是惩罚；
- 足额法则，不足额的奖励就是惩罚。

接下来，我们根据上述框架一一对照分析。

匹配法则

这一法则有助于我们厘清粉丝想要的到底是什么。

粉丝与用户的需求是有很大差别的。用户一般追求性价比（工具思维），而粉丝追求认同感、归属感、参与感、炫耀感等感性需求的满足（玩具思维、道具思维）。相对而言，粉丝比用户对品牌或产品的贡献度要大得多。很多品牌或产品，比如小米，以为自己拥有了众多粉丝，但其实这些粉丝中有很大一部分只是被性价比吸引而来的用户而已。

锤子手机Smartisan T1刚推出时的价格比市面上硬件配置类似的智能手机足足贵了1 000元，这高出来的1 000元就被粉丝们称为"情怀溢价"。一位自称头号"锤粉"的粉丝这样描述了自己的感受：

我在金融行业工作，之前没什么审美要求，对硬件也兴趣不大，但Smartisan T1是我从iPhone 4之后唯一玩得开心的手机。从最早关注

第 8 章
粉丝激励：粉丝忠诚度的维护秘诀

Smartisan OS，到两次发布会的八卦，再到后来拿到手机的种种风波以及优酷约架，整个过程里我有如参与一场大型真人养成游戏般开心。有这么多正方、反方一起玩，比小众的老罗英语培训简直热闹太多了。①

这是很有代表性的一段"粉丝需求宣言"，鲜明地表露了粉丝要的到底是什么。那么，要想维护粉丝的忠诚度，就要给予正确的激励。

巨人网络的副总裁吴萌也是一个忠实"锤粉"。他当初的购买动机是：

在若干年前，我几乎听遍所有老罗在新东方的录音，包括关注他的微博、看他的所有演讲。当全程看完锤子手机的发布会后，就迅速定了T1。T1从入手到现在我几乎从来没用过，只是拆掉了包装，我买锤子手机支持的是老罗的个人情怀，我觉得中国的环境下能诞生像他这样的人，本身就是值得尊敬的，我特别尊敬这样的人，更何况他还很幽默。②

买了手机却从未拆包使用，这是典型的玩具思维，而非工具思维。吴萌的动机与前述的那位"锤粉"互为印证，帮助我们更加明晰了粉丝的需求特性。

锤子手机随后的突然大幅降价则又给了我们一个很好的反面观察的机会。吴萌的激烈反应则是很有代表性的"粉丝抗议宣言"。

---

① 资料来源：https://www.huxiu.com/article/45387/1.html。
② 资料来源：http://www.yl1001.com/group_article/4611431427833589.htm。

互联网商业的下半场
打造以人性为圆心、以科技为半径的商业模式

吴萌一气之下将锤子手机砸了，并将整个过程拍成视频，在网上发布（这一行为也许是对罗永浩此前砸西门子冰箱维权的模仿）。他这样评价自己的行为：

这不是一场秀，也不是我头脑发热，同时我也不是愤青。我今天只想说说情怀。……为什么我要砸掉这部手机呢？首先，手机是很无辜的，我想表达的是：我买的是情怀，但是老罗你却深深地欺骗了你的用户，这种欺骗无法饶恕。我5月份下的订单，9月份到货，为了情怀嘛，可以忍。但是为什么时隔不到1个月你就降价？T1上市时间这么短，产品问题这么多，然后就马上降价，这种自损品牌的行为……老罗一夜间从情怀撕破脸变回小贩商人，是一种悲哀，这种悲哀就叫作现实！①

这就是粉丝在不惜代价、孜孜以求的需求破灭后的极度失望心情的真实描述。如果你不懂得粉丝到底要什么，你怎么来维护粉丝的忠诚度呢？

锤子手机从3 000元降价至1 980元后，据说一时间销量大增。根据天猫商城手机品牌旗舰店的销售统计数据，锤子手机2014年10月在天猫上共计售出19 047部，销售额4 512万元，仅次于小米。

如果锤子手机因此而欢欣雀跃的话，那真可谓是莫名的悲哀了。这一部分因为降价而被吸引而来的消费者，明显是追求性价比的用户，而不是

---

① 资料来源：http://tieba.baidu.com/p/3379534619。

追求情怀的粉丝。这是一起典型的"劣币驱逐良币"的现象。用户随时会因为其他产品提供了更好的性价比而掉头离去，唯有粉丝才会痴痴坚守。

如果锤子手机的粉丝都被勾兑成了用户，还奢谈什么粉丝忠诚度？要想维护好粉丝忠诚度，就激励而言，必须给予他们想要的东西。不匹配的激励是无法构建粉丝忠诚度的。

变化法则

喜新厌旧是人之常情，粉丝忠诚度的构建与维护也脱离不开这一人性本能。

所谓变化，可以细分为两类：一类是对传统产品或服务的颠覆；另一类是对自己的创新产品或服务的多次推陈出新。

美国新近大火的短裤品牌 Chubbies 只有一个款式，而且售价高达 50 美元，但却很快卖到了 40 多个国家和地区，在美国地区的单日销售量则超过了 2 万条，并成为了 2014 年美国不可忽视的流行趋势。Chubbies 吸引众多粉丝的奥秘说出来会让很多人大跌眼镜——这竟然是一款在冬天穿着的大裤衩！[①]

[①] 资料来源：https://baijiahao.baidu.com/po/feed/share?wfr=spider&for=pc&context=%7B%22sourceFrom%22%3A%22bjh%22%2C%22nid%22%3A%22news_2734410176798116039%22%7D。

在 Chubbies 的官网上，长期招收校园大使，要求必须是大学生，最好是常春藤名校里最优秀的学生。这项全年无休且无报酬的招募，竟然吸引了每天少则几十、多则数百名的大学生前来申请。显然，在这些狂热粉丝的眼中，在寒冷的大冬天里穿着露出大腿的短裤，实在是一件再酷不过的事情了（这也是玩具思维的经典案例）。

Chubbies 能够创造粉丝，并让粉丝为之疯狂的秘密就在于冬天穿短裤这一匪夷所思的颠覆传统的创意，属于第一类变化。后来，很多时尚大牌也推出了类似 Chubbies 款式的短裤。

第一类变化相对容易做到，而要做到第二类变化则要难得多。毕竟，经常性地推陈出新并不是一件容易做到的事。但是，一旦你做不到，厌倦了的粉丝们很快就会弃你而去。

比如，基于地理位置服务（LBS）的社交网站 Foursquare 最初推出的一系列激励机制，包括勋章、市长头衔等，让人眼前一亮，很快吸引了大量粉丝，突破了 2 000 万大关，服务也迅速扩展至多个国家和地区。但是，当人们开始对一成不变的激励机制感到厌烦后，未能推陈出新的 Foursquare 很快就衰落了。

第二类变化还包括提供一些不可预测的惊喜。比如，设置神秘的礼盒，在粉丝不知情的状态下意外给予。这也会给粉丝带来增量的刺激，从而强化其忠诚度。

总之，当粉丝最初的新鲜感过后，如果缺乏后续变化，其忠诚度很快就会大幅跌落。不变化的激励，是无法构建粉丝忠诚度的。

及时法则

这一法则比较容易理解。当你明晰了粉丝的需求，并知道要多方变化时，仍然要注意及时地提供新鲜的刺激。

所谓及时，就是要在粉丝厌烦之前推出新的产品或者新的玩法。同时，及时也是一个相对的概念。如果粉丝的忠诚度原本就较高，那么，其等待与忍耐的周期就会长一点。如果本身的魅力程度尚不足够，一旦不能及时，粉丝忠诚度立即会分崩离析。

比如，当三星公司推出大屏手机后，苹果公司在长达三年的时间内依然按照自己的节奏，虽然也推出了几款新品 iPhone，但却没有针对性地推出大屏新款手机，结果导致大批粉丝流失，市场份额被三星大量侵蚀。苹果的粉丝忠诚度堪称全球第一，但就连苹果违背了及时法则也遭到市场的严惩，更何况其他品牌魅力远远不及苹果公司的产品呢？

公开法则

粉丝的感性体验并不是绝对的，而是来自于群体比较。这既包括对外群体的优越感，也包括群体内部的优越感。要想体现出这种优越感，就必须具备一种可供比较的公开机制。

比如，iPhone 手机成为时尚新潮及身份尊贵的象征后，在淘宝上就出现了专门用于在 QQ 上显示"iPhone 在线"标识的"奇葩商品"。购买这一特殊产品的人，自然是那些尚未拥有 iPhone 手机的人。

炫耀就是要让人看到，这是粉丝最基本的驱动力。所以，要想构建粉丝忠诚度，就必须在积分、等级、排行榜、奖品等激励机制上，想方设法地满足粉丝的炫耀欲及随之而来的竞争欲。

比如，语言学习社交应用多邻国（Duolingo）可以添加好友，互相比较学习进度。如果好友的学习等级超过了自己，多邻国就会发邮件通知，这可以刺激好友之间相互攀比，减少偷懒行为，从而确保了多邻国的产品黏性，也即粉丝忠诚度。

足额法则

足额法则其实也是公平法则。每个粉丝的贡献度是不一样的，那么在激励上就必须体现出相匹配的差异，确保付出最多的粉丝能够得到最多的奖赏、最大的荣耀。奖赏和荣耀既可以是物质层面的，但更多的是精神层面的，因为粉丝最大的追求是感性的满足。

要建立足额匹配的激励机制，需要有一个相对公平的良好体系。当下正在如火如荼发展的大数据技术有助于精确地记录、分析、评估粉丝们的行为与贡献。

激励法则的综合运用

要特别注意的是，上述五条激励法则并不是割裂无关的。在建设粉丝忠诚度的时候，应该将匹配法则、变化法则、及时法则、公开法则、足额法则综合考量，融为一体。

尽管粉丝迷恋周期已经如此之短，但如果我们能够善用基于粉丝心理驱动机制的激励法则，还是能够力争让粉丝迷恋周期变得更长一些。

第 9 章　迷恋周期：产品生命周期的颠覆演进

好声音结束了，跑男来了；都教授过气了，小苹果来了；华为荣耀 6 风头稍减，小米 4 来了，魅族 MX4 来了，iPhone 6 来了……风一样刮走了的，还有粉丝们的迷恋。

我们已然看到，一项新产品的生命周期似乎变得越来越短了，根本就不可能从容走过导入期、成长期、成熟期、衰退期这四个阶段。

急剧缩水的产品生命周期

2014 年 10 月末，锤子手机降价了，而且是普降 1 000 元左右！锤子 T1 手机的 16GB 3G 版本从 3 000 元降到 1 980 元，32GB 3G 版本从 3 150 元降到 2 080 元，32GB 4G 版本则从 3 500 元降到 2 480 元。锤子手机的这一降价，其"情怀溢价"被无情挤出，价格体系与小米 4、魅族 MX4、一加这些硬件配置大致相仿的安卓手机基本一致，都处于 2000 元的业界标准区间。

电子消费品的降价本是司空见惯的事，无须大惊小怪，但问题在于，锤子手机的创始人罗永浩曾经公开在微博上宣称"特别反感手机厂商在新品上市时定一高价，之后很快又会降价的做法"，甚至有"如果低于2 500元，我是你孙子"的激烈言辞。

是什么样的原因导致把面子和个性看得比天还大的罗永浩自食其言呢？锤子给出的说法是：

T1于2014年5月发布后，由于不能很快搞定供应链出现的问题，用了足足4个月才实现正常产能，错过了产品的销售黄金期。

锤子还坦言，市场上许多手机都打算借"双十一"网购节大促销之际清理各自品牌的3G手机库存，在大家扎堆的情况下效果并不会很好，所以锤子选择提前降价，是想先于其他品牌一步，清理自己的3G手机库存。

这些看似理性的解释似乎并不能治愈"锤粉"们所受到的情感伤害，反倒为"锤黑"们增加了几分看笑话的快感。

但是，如果大众都选择"就锤论锤"，可能就是一叶障目不见泰山了。

锤子降价事件并不仅仅是给了公众一个打脸的机会，而是一种日渐浮出水面的全新商业趋势的必然体现。

传统的产品生命周期理论将产品分为导入期、成长期、成熟期和衰退期。降价一般出现在成熟期的后期及衰退期。整个过程可能会持续好几年，甚至最初的导入期就需要好几年。但是，锤子手机从正式发布到宣布降价却只有短短的 5 个月，就走完了整个产品生命周期。这又意味着什么呢？更进一步，产品生命周期的急剧缩水又意味着什么？

事实上，传统的"产品生命周期"模式已经不再适用于这个倍速增长的新时代了。

短暂的粉丝迷恋周期

尽管很多企业商家一直宣称"以顾客为中心"，但产品生命周期始终是致力于"让顾客以你为中心"的。因为，在前互联网时代，企业是强势的，顾客是弱势的，顾客几乎没有话语权。但是，当互联网成为社会主流配置，顾客在掌握了相当分量的话语权和参与权之后，已经变身为"粉丝"。粉丝既是狂热的，也是挑剔的。对于已经被自己掌握的权力，粉丝运用得越来越自信，也越来越熟练。

当这种力量经由网络充分汇聚后，粉丝的喜怒好恶自然就成了产品生命周期长短的决定性力量。我们不妨将其定义为"粉丝迷恋周期"。

从心理学的角度来看，粉丝对一个产品的迷恋往往出于某种情绪冲动，而非理性思考。这就导致了迷恋不可能持续处于一个高位状态，除非产品不断推陈出新，让粉丝的"情绪冲动"在周期性的更新换代中逐渐演变为"情感依恋"。这只有极少数极具魅力的产品才能做到。更为常态的是，粉丝的迷恋一直处于稍纵即逝的情绪冲动状态。

粉丝迷恋周期对原来的产品生命周期大肆压缩，导入期、成长期、成熟期被合而为一，成为"迷恋期"。紧随"迷恋期"的就是"衰退期"。

如果企业厂商不能快速把握住"迷恋期"的短暂时间窗口，就不得不立即被无情地抛入"衰退期"。

锤子降价正是"粉丝迷恋周期"强大而可怕的威力作用下的一个典型例证。锤子手机在为自己的辩解中，无意中已经道出了真相：

数码新品的关注热度通常只能维持 3 个月左右，有许多有换机需求的用户，由于等货的时间过长而选择了其他品牌。

3 个月的时间长度也许就是较为普遍的"粉丝迷恋周期"。

苹果曾经的代价

这一前所未有的现象不仅仅出现在锤子手机身上，就连智能手机领域内粉丝拥趸不计其数的王者——苹果手机也难以置身事外。

也许是囿于乔布斯生前言之凿凿的"没有人会想要购买大屏手机"，苹果手机一直到了 iPhone 5s 都没有推出大屏手机。三星趁势而上，于 2011 年

11月10日推出了全球第一款大屏GALAXY Note手机（5.3英寸屏幕），售价高达5 999元人民币，直逼苹果的高端价位。苹果一直到了2014年9月才推出了4.7英寸的iPhone 6和5.5英寸的iPhone 6 plus。在2011年10月至2014年9月这三年间，三星一路狂飙，取代曾经的诺基亚，超越苹果，坐上了全球智能手机的第一把交椅，而苹果则颓势毕露。

市场调查机构SA发布的数据显示，在智能手机市场，苹果手机从2011年的全球市场占有率19.0%，一路下滑到2013年的15.5%。相反，三星手机自2011年首次以19.9%的市场占有率超越苹果成为全球第一之后，2012年又疯狂提升到30.4%，2013年继续增长巩固老大地位，达到了32.3%。短短两年时间，三星跟苹果的手机市场份额从半斤八两，迅速拉大到了2倍还多的差距。

在号称最为疯狂的中国市场，苹果的情况也不容乐观。2014年第一季度，苹果手机在中国市场的销售排名跌到第四，前三名分别被三星、联想和小米占据。其中，三星一枝独秀，占整体销量的18%，联想和小米的市场份额则分别是12%和10%。苹果被挤出了前三，市场份额也跌破两位数，只有9%。

从粉丝经济的角度来看，苹果拥有的是全球最忠诚、最铁杆的优质粉丝，但苹果这三年来的窘态鲜明而深刻地验证了"粉丝迷恋周期"的巨大影响。

在这三年间，苹果推出的 iPhone 4、iPhone 4s、iPhone 5、iPhone 5s 虽然在产品更新速度上保持了惯常的节奏，符合"粉丝迷恋周期"的规律，但却在产品创新程度上并无特别的突破，远远滞后于"粉丝迷恋周期"的内在要求，从而导致了很多果粉转投三星阵营，更多的果粉则选择脚踏两条船，虽然没有立即放弃苹果，却同时购买了三星大屏手机。

苹果公司凭借其多款惊艳级的神器赢得了大量果粉的情感依恋，果粉们虽然没有出现"三月倒戈"的悲惨现象，但依然阻挡不了三星大屏手机的魅力。如果苹果再不推出大屏手机，果粉们的情感依恋在苦苦支撑三年后依然得不到有力回馈，也会日渐淡漠，最终被对其他产品的情绪冲动所取代。幸好苹果已于 2014 年 9 月推出了大屏手机，结果开售三天就超过了 1 000 万部，形势一片大好。

但我们必须提醒的是，苹果是一个非常特别的例外，绝大部分企业厂商都不要天真地认为，自己也能像苹果那样力挽狂澜，而无视"粉丝迷恋周期"的存在与影响。从这个角度来看，锤子手机的"自我打脸"，实是明智之举。

其实，魅族放弃一年一部新机的节奏，于 2014 年接连推出新机，小米也不再执着于被很多人诟病的所谓饥饿营销，也许正是基于对产品生命周期迅速缩短的一种模糊认知。

第 9 章
迷恋周期：产品生命周期的颠覆演进

覆巢之下难有完卵

"粉丝迷恋周期"之于"产品生命周期"的颠覆，不仅仅出现在手机行业。

Kinect 是微软公司推出的游戏机 Xbox 360 的体感周边外部设备。这一产品运用 3D 体感摄影技术，导入了即时动态捕捉、影像辨识、麦克风输入、语音辨识、社群互动等功能，彻底颠覆了游戏的单一操作，使人机互动的理念得到了完美体现。玩家可以通过这项技术在游戏中开车、与其他玩家互动、通过互联网与其他 Xbox 玩家分享图片和信息等。

Kinect 于 2009 年 6 月 1 日被推出后，立即引爆市场，在短短的 60 天内卖出了 800 万台，从而创下了吉尼斯世界纪录，被评为有史以来销售最快的电子消费产品。这个数字甚至超过了苹果公司 iPhone 和 iPad 产品发布后的同期销售量。一年之后，Kinect 的销售数量达到了 2 400 万台，而微软也凭借这一款神器，于 2010 年成为游戏机市场的老大。这是微软自 2001 年推出 Xbox 360 首次获此殊荣。

但是，令人惊奇的是，Kinect 的销售增长在其发售后的 6 个月就出现了急剧下滑，虽然其后的销售惯性继续发生作用，但粉丝们的迷恋期却已早早结束。总的来说，这一款 Kinect 的产品生命周期只有短短的 10 个月。

"粉丝迷恋周期"之于"产品生命周期"的颠覆，也不仅仅局限在硬件领域。比如，曾经炙手可热的社交网站 Myspace，现在还有谁记得这个网站呢？

Myspace 于 2003 年 8 月上线，6 个月后，用户数就超越当时的社交网站当红明星 Friendster。2005 年，媒介大鳄默多克的新闻集团以 5.8 亿美元重金收购了 Myspace。2008 年，Myspace 的全球用户数则被后起之秀 Facebook 超越。很快，Myspace 风光不再，境遇悲惨，被极度喜新厌旧的粉丝们抛之脑后了。

这样的例子还有很多，曾经风靡一时的偷菜游戏、火极一时的微博等，都在"粉丝迷恋周期"面前败下阵来。

在"粉丝迷恋周期"的作用下，产品创新上的"其兴也勃焉，其亡也忽焉"已经成为趋势，并将进一步成为未来的常态。当产品生命周期被极大压缩后，企业与厂商必然面临着更加残酷的竞争压力。但是在顾客掌权的时代，他们别无选择，只能努力适应"粉丝"的力量与选择。当然，在短时间内连续推出全新的产品难度极大，有效的应对之策应该是大量采用微创新，实现快速迭代。

尤其要予以提醒的是，那种坐等创新者完成市场教化与培育后，再在产品的成长期切入竞争，坐享其成的做法可能行不通了。紧随"迷恋期"而来的"衰退期"会在你雄心万丈的时候，将你拖入无底深渊……

第 10 章　节能迁移：顾客消费习惯的变革模式

在这个互联网新技术主导下的商业模式裂变的时代，锐意创新的先行者们以只争朝夕的精神，推出了一系列颠覆性的商业构想或创意，以图实现互联网商业消解时空的本质。

互联网的本质就是通过不断突破时空的约束而达成对旧有时空秩序的消融与瓦解，并在这一过程中重构新的时空运行秩序（关于"消解时空"的详细论述，可参见《人性之根：互联网思想的本质》一书）。

但是，这些颠覆性的商业创新成败与否的关键就在于，能不能成功地将顾客的消费习惯迁移到全新的模式上来。

滴滴与快的的探索

"一石激起万层浪"的滴滴打车与快的打车的"烧钱大赛"，可以说是开展消费者习惯迁移的一种代表性探索。

国内最早出现的打车软件是 2012 年 3 月上线的"摇摇招车"。这种通过手机 App 或客户端打车的方式，和站在街旁路边招手打车的传统方式相比，显然是截然不同的两种消费习惯。

摇摇招车上线后，一直不温不火，直到背后各有巨头撑腰的滴滴打车和快的打车加入了战局，打车软件之争才沸反盈天。滴滴打车和快的打车为了以最快的速度抢占市场，不惜大肆烧钱，以对乘客和司机给予赤裸裸的现金补贴的形式跑马圈地，并最终变成一场互不相让、愈演愈烈的烧钱肉搏战。

2014 年 1 月 10 日，滴滴打车率先推出乘客车费立减 10 元、司机立奖 10 元的拉客活动。十天之后，快的打车反应过来，相应推出了乘客车费返现 10 元，司机奖励 10 元的对策。2014 年 2 月 17 日，滴滴打车开始对乘客返现 10~15 元，新司机首单奖励 50 元。快的打车则加码为乘客返现 11 元，司机返现 5~11 元。2 月 18 日，滴滴打车乘客将返现提高至 12~20 元，快的打车则又提高 1~13 元……

由上可见，为了改变顾客的旧有消费习惯，滴滴和快的绝对可以说是不惜血本了。这一场比拼内功式的较量一直持续了好几个月，直到 2014 年 5 月 17 日，双方才共同宣布停止对出租车司机和乘客的补贴。但这只是一个暂停，此后双方又以不同的方式开始比拼，尽管声势已经不如最初时那样喧嚣了。

据业内人士透露，滴滴和快的的这一场志在转变顾客消费习惯的市场

第 10 章
节能迁移：顾客消费习惯的变革模式

争夺战烧掉了 20 亿~30 亿元人民币。这是何等惊人的一个数字！

那么，在付出了如此巨大的代价后，顾客旧有的消费习惯（路边招手的传统模式）有没有被成功迁移到新的互联网模式上来呢？

事实上，2014 年 5 月 17 日，当双方停止现金补贴的这一天，滴滴打车的订单数量从 500 万骤降到 350 万！这个冰冷而残酷的数据告诉我们，一旦失去了实实在在的利益诱惑，很大一部分顾客又恢复到了原来的消费习惯。

在数据之外，我们在现实中也可以观察到，那些已经被滴滴和快的视为既有用户的顾客（下载了打车软件并有过至少一次使用行为的顾客），往往也是习惯性地先走到街旁路边招手打车，只有在的士久候不至或者僧多粥少的情况下，才会打开手机，用软件叫车。

这充分说明在缺乏利益促动的大前提下，传统的消费习惯依然是顾客的优先选项。而任何一家企业，即便再实力雄厚，也不可能无休止地补贴烧钱。

所以，滴滴和快的希望以利益诱惑来实现顾客消费习惯的迁移，并没有取得可持续的成效。

支付宝的大促销

支付宝于 2014 年"双十二"时举行的一场空前大促销活动也证明了这一点。

2014 年 12 月 12 日这一天，在华东地区以及其他地区部分基础设施较好的城市，顾客凡是在物美、万宁、世纪联华、新一佳、卜蜂莲花、中百、武商等大型超市购物时使用支付宝钱包付款，可以享受五折优惠，但优惠额度为 50 元封顶。

支付宝的这一举措顿时让线下的实体店人满为患，到处排队的长流，看上去显得比这一天的线上购物还要疯狂。

在购物现场，出现了很多年龄在四五十岁以上的大妈级顾客。这些对价格十分敏感的家庭消费主导者，为了便宜几毛钱的鸡蛋都可以起早排长队，支付宝的五折优惠对她们的诱惑显然是巨大的。她们其中的很多人，甚至根本不知道支付宝为何物，以至于到了支付环节才不得不让收银员帮助现场下载支付宝的 App。也有一部分未雨绸缪者，早就在家里让儿女们帮忙下载好了 App，但是因为从未使用过，以至于在支付时压根儿就忘了密码。但这还是没有挡住她们"勇"于尝试新方式的热情。

凡此种种，直白的利益诱惑看起来确实可以让顾客迅速而坚决地放下旧有的消费习惯，转而尝试新的消费模式。

最后的数据统计表明，支付宝钱包联合线下门店累计刷了 400 多万单，如果以每单最高优惠 50 元的中值 25 元计算，支付宝为此次促销所花费的资金已经超过了 1 亿元人民币。

但是，这些有幸分享到了促销红利的顾客们，是不是就此彻底放弃原来的消费习惯（使用现金、超市卡或信用卡的支付习惯），从此成为支付宝的忠实用户了呢？

答案显然是否定的。

现实情况表明，绝大多数因促销诱导而来的顾客很快就恢复了原状。

为什么这些巨头们花了这么多真金白银取得的最大收效还只是做了一场来日方长的市场培育呢？为什么改变顾客的消费习惯竟会如此困难呢？到底有没有更好的（更经济的、更有效的）方式来推动顾客的消费习惯迁移呢？

大脑的"节能模式"运作机制

人类的大脑是一个能耗极高的器官。

英国剑桥大学一项最新的研究表明，人类脑部消耗的能量十分惊人：脑部约占体重 2%，却消耗了全身 20% 的能量。同时，大脑灰质耗能更惊人，脑细胞的耗能甚至和心脏耗能一样多，人类在进行各种深度的思考时也需要消耗更多的能量。

"当人们在思考时，脑部不断关联和对比着不同信息。"剑桥大学生物神经科学教授西蒙·劳克林（Simon Laughlin）表示，超负荷的能量消耗，将可能使人类的大脑停止进化。[1]

IBM托马斯·沃森研究中心的计算机科学家詹姆斯·科斯洛斯基（James Kozloski）用计算机神经组织模拟器（能够为人类大脑神经元消耗能量的方式提供精确的模型）展开深入研究后表示，大脑一直不断地在已经建立的通道中循环输送信号，这些通道有点类似于我们城市中的街道地图。主要覆盖三个不同的区域：感官功能（目前正在发生的事）、行为（我们能做什么）以及边缘（对我们意味着什么）。[2]

科斯洛斯基将这个闭环模型称为"大环路"（Grand Loop），并认为这些不断重复的过程就是大脑需要耗费如此多的能量的原因，即使我们并没有积极运用脑力思考或解决难题。

更令人费解的是，即便是休息或睡觉的时候，大脑以葡萄糖的形式消耗能量的速度与脑力劳动或体力劳动时的速度也是相同的。[3]

---

[1] 资料来源：http://news.mydrivers.com/1/200/200759.htm。
[2] 资料来源：http://tech.163.com/16/0125/03/BE55O8ND00094O5H.html。
[3] 资料来源：http://news.mydrivers.com/1/448/448305.htm。

第 10 章
节能迁移：顾客消费习惯的变革模式

美国心理学家罗伊·鲍迈斯特（Roy F.Baumeister）的研究也表明，大脑神经系统消耗的葡萄糖比身体其他部位消耗的要多得多。当大脑进行复杂的认知推理活动时，人体的血糖浓度就会快速下降。

远古之时，人类取食不易，为了确保获得的能量足以支撑整个人体的生存及各项生理活动，大脑在进化中形成了偷懒的节能模式，并将其置于最优先的抉择等级，以免侵夺身体其他器官的底限能量需求。

所以，凡是有可能偷懒的，大脑都会偷懒以尽可能地节省能耗。除非迫不得已，别无选择，大脑不会开启"耗能模式"去主动积极展开思考、采取行动。[1]

偷懒可以细分为内向式偷懒（内向式节能）和外向式偷懒（外向式节能）两类。内向式偷懒是指在大脑内部形成固定的认知图式或惯性思维，以不变应万变。外向式偷懒则是将那些耗费认知资源的任务转嫁给他人，要么相信权威，要么请别人代劳。

在上述两个案例中，旧有的消费习惯（路边招手打车及用现金、超市卡、银行卡支付）就属于已成固定模式的内向式偷懒。请儿女或收银员代为下载支付宝 App，并进行支付操作，则属于外向式偷懒。

---

[1] 本文中所指的"节能"与"耗能"，是指对顾客体力及脑力付出的综合考量，但在物质丰沛的今天，导致顾客认知疲倦的往往以心理能耗为主。——作者注

顾客不假思索地被商家的种种优惠吸引，也属于内向式偷懒。不过，这种偷懒的应激性很强，黏性无法持续，一旦优惠停止了，顾客的大脑也就失去了针对这一新的偷懒的动力，从而很快地回归到固有模式（根深蒂固的偷懒）。上述这些基于互联网新技术的商业创新，多少还是存在着技术门槛、学习门槛，相对于旧有模式，尽管有便利之处，但依然存在着高能耗的认知环节。

比如，使用支付宝需要身份认证和关联银行卡。仅这两个步骤就吓退了很多有意使用或正要开始使用的用户。在参与"双十二"促销的实体店收银处就发生了多次这样的临阵退却、回归老路的状况。而且，现在的网络连接质量还未能达到全时空良好状态，有时候折腾半个小时也不一定能结账成功。这对于初体验的用户来说，显然太过耗能了。

这正是滴滴、快的、支付宝花钱不少，却效果不彰的真正原因。

高效开启"节能模式"

通过深入地了解大脑的"节能模式"，我们便能找到如何有效实施顾客消费习惯迁移的好办法。

例如，奈飞（Netflix）公司即通过"节能模式"，成功完成顾客消费习惯迁移，并一举击败原来的行业巨头百事达。

第 10 章
节能迁移：顾客消费习惯的变革模式

百事达创建于 1985 年，是影像租赁行业的开山鼻祖（当时的影像载体为现在看来又笨又重的录像带）。1994 年，媒介巨头维亚康姆以 84 亿美元的高价将其收购。百事达一直保持着快速增长，截至 2004 年，百事达拥有了 4 800 万合约成员。到了 2006 年，百事达在全美拥有 8 630 家门店，年收入超过 55 亿美元。

百事达的成功就建立在用租赁录像带回家观看这种"节能模式"来取代到电影院观看这种"耗能模式"的基础上的。

但是，DVD 出现并逐渐取代录像带成为影像产品的主流载体后，百事达的商业模式就变成耗能模式了。奈飞公司的创始人里德·哈斯廷斯（Reed Hastings）决定用邮寄的方式将 DVD 寄到顾客手中。这样，顾客就无须跑两次实体店（一租一还），还可以节省下大量的挑选精力。而且，奈飞公司还推出了包月服务，顾客只要支付 19.95 美元的月费，就可以无限制地，源源不断地待在家里看最新的影视大片了。

很快，奈飞公司就用自己的"节能模式"击败了百事达的"耗能模式"了。后来，当互联网繁盛之后，奈飞公司又转型成为更为节能的流媒体供应商。这使得奈飞公司继续在盈利之路上飞速向前。到了 2010 年，奈飞公司的年收入达到了 21.6 亿美元。而百事达却不得不于 2011 年提请破产申请。

与奈飞公司类似的案例还有"1 美元剃须刀俱乐部"对吉列公司的挑战。"1 美元剃须刀俱乐部"的节能模式在于，顾客只需在网上选择刀片等级（分为 1 美元、6 美元、9 美元三种），按月支付相应的订购费用，就可以享受每月都有新刀片直接送到家门口的服务，而无须在急需更换刀片的时候急匆匆地冲出去购买吉列刀片了。

节能与耗能的相对性

不过，我们也要特别指出，所谓的"节能"与"耗能"，其实是一个相对的概念。

比如，QWERTY 式的键盘布局，本来是一种耗能性安排，以免打字速度超过打字机的反应速度而导致故障。但是，当越来越多的人们习惯了这一键盘布局后，QWERTY 式的键盘布局反而就成了相对于其他模式的节能性布局了。

对这种相对性的理解还可以通过另一个案例来进一步阐明。

20 世纪 90 年代，第一代移动通信技术 GSM 刚刚开始流行时，电信运营商曾经推出过通话之外的两种服务：一种是语音信箱，另一种是短信。语音信箱就是给对方录音留言，等对方方便的时候打开语音信箱收听就可以了。这比较容易理解，也很容易上手（可参考现时微信的语音功能）。而短信则是全新的手机服务，用户比较陌生。但最后从我国的整个市场反馈来看，表面上节能的语音信箱业务一直没有像欧美国家那样盛行[①]，而表面上耗能的短信业务却火爆神州大地。仅仅春节期间的短信总量就高得吓人。比如，2009年春节为180亿条，2012年春节为320亿条。

究其原因，则要从更早之前的传呼机时代的沟通模式说起。当时，人们要想在别人的传呼机上显示汉字信息，只能打电话给传呼台口述内容，由传呼台的服务员在后台输入汉字，才能发送给对方。这是一个多环节流转的耗能模式。而新推出的短信业务则让用户自己输入汉字再将信息发出，两相比较，显然十分节能。

由此亦可见，最高明的顾客消费习惯迁移策略莫过于借力于旧有的消费习惯，移花接木到新的消费习惯上来。

从"节能型创新"到"节能型共鸣"

要想成功实现顾客消费习惯的迁移，就必须对顾客的消费需求有深刻洞透的理解。

2014年11月，亚马逊为了推广自己的Kindle阅读器，在上海人流量最大的静安寺地铁站内做了一个极具震撼效果的实体广告。他们设计了一

[①] 在欧美国家，固定电话都配有语音留言功能，手机上的类似应用只是一种惯性沿袭，非常节能，故而使用者甚众。

个高 2.8 米、长 25.6 米的灯箱式长廊书架，里面装了整整 2 000 册纸质图书。灯箱外面的广告语是："想把这里的书全带走？一部 Kindle Paperwhite 就够了！"

这个所费不赀的广告，显然是想通过这个极具视觉震撼力的对比，将更多的纸质图书受众迁移到电子阅读上来。但如果我们从"节能"与"耗能"的模式来分析一下，就会发现，至少在很长的一个时期内，Kindle 不可能将所有读者的阅读习惯迁移过来。

读书可以细分为娱乐消遣型的节能式浅阅读和学习研究型的耗能式深阅读。对于浅阅读来说，一部 kindle 在手，确实增加了无穷便利。这一类的读者，是很容易就被迁移到电子阅读上来的。而对于深阅读来说，传统纸质图书的翻阅、折角、涂画、笔记显然比电子书更为便利，换成电子书，要实现这些功能反而就是耗能的了。于是，这就决定了这一部分读者是较难迁移的。

2014 年 12 月，杭州的公交系统推出了基于众筹模式的定制公交，将具备相同或类似出行需求的乘客汇集起来，为他们量身定制一条公交路线。这是颇为符合互联网思维的新举措。按说，这样贴合人心的服务，应该很容易将那些对交通拥堵深恶痛绝的私家车主或原有公交路线不能满足需求的公交族迁移到这一新方式上来。

但是，第一条定制公交路线出炉后，首日的预订量竟然为零。更为尴尬的是，三天之后，这条创新意味很浓的定制公交线路就因为付费人数不足而被迫暂停。究其原因，主要有以下四点：（1）车站与家距离很远；（2）与乘坐普通公交相比，时间成本节省无几；（3）乘车费用与开私家车差不多；（4）只有上班的班车却没有下班的班车。总体来说，即定制公交的创新还是没能足够贴近顾客的真实需求。而这样的迁移对乘客而言，并不具备足够的节能红利，从而也注定不会成功。

概括地说，那些已成为习惯或者容易形成习惯、可以让人不假思索就采取行动的就是"节能模式"。只有让基于互联网新技术的创新成为"节能型创新"，只有让顾客对这些创新产生"节能型共鸣"，其商业化的道路才能如水就势，事半功倍。

节能化迁移的三条法则

是否采用"节能模式"，是否善用"节能模式"，是创新能否成功的关键。从认知心理学的角度，我们可以提出以下几条有利于顺利实施顾客消费习惯迁移的法则。

1. 玩具思维法则。在构思设计新的产品或服务时，不要停留在前互联网时代的工具思维上，而是将视野拓宽至超越产品基本功能需求，赋予顾客感官刺激、情感享受的玩具思维上，利用玩具思维的好玩特性，有效吸引顾客的好奇心及注意力，从而让顾客在感性冲动的状态下，有效突破新产品或新服务的能耗障碍，从而成功实现消费习惯迁移。

2. 嫁接法则。尽可能利用顾客的认知惯性，将新的消费习惯嫁接到旧有消费习惯的某些步骤或某个模式上，从而有效柔化认知能耗。比如，在iPhone利用"玩具思维"顺利完成了顾客的消费习惯迁移后，再顺势推出iPad就是水到渠成的低能耗了；相反，如果苹果调换这两个产品的上市次序，恐怕就会遭遇高能耗壁垒了。

3. 四步法则。人的意识在同一时间段内只能充分处理四个项目。所以，一项全新的产品或服务必须将顾客的学习步骤控制在四步以内，否则就会导致认知高能耗而乏人问津。比如，要想在手机上使用支付宝，至少需要申请支付宝账号、下载支付宝App、安装、设置密码、身份认证、与银行卡绑定等五六个步骤，这对于"互联网技术移民"（相对于互联网技术原住民）来说，实在是太过耗能了。

第 11 章　能耗平衡：O2O 商业模式的成功命脉

从 2013 年开始，"O2O"逐渐成为我国商界当之无愧的最炙手可热的概念。曾几何时，风险投资（VC）蜂拥而入，在出行、医疗、美业、房产、汽车、教育、餐饮、生鲜等诸多行业大肆撒钱。据统计，2014 年拿到 A 轮投资的 O2O 企业高达 846 家，其中拿到超过 1 000 万美元以上的就超过了 50 家。

但是，这些在"风投鸡血"催激下的 O2O 商业模式，到底有多大、多久的生命力呢？很多执迷于此的人，往往会拿滴滴、快的的烧钱大战说事。这两家公司，通过巨额补贴，烧出了一个巨大的市场。最终，两家合并，成为打的 O2O 市场的老大，并顺势扩延至几乎整个的出行市场（包括专车、拼车、巴士等）。

上述涉及各行各业的，如过江之鲫的 O2O 模式，是不是也都能像滴滴、快的那样，借助风投所营造出来的风口，顺势飞上云霄呢？

我们必须冷静下来，回到商业模式的本质要求上来做一个清醒的判断。

O2O 模式的能耗命门

任何一个成功的、可持续发展的商业模式，一定是一个有着相对独立边界的能量平衡系统。这里所指的"能量"，是一个借喻，用以指代整个商业模式范畴所及的各个利益相关者的综合性投入与产出。从能量平衡的角度来看，高能耗、低产出的系统一定无法持久。

风险资本的大肆投入，可视为外部能量供给。在天量的输血式能量补给下，商业模式很容易迷失本心，而忽略了系统能耗的问题。但这个忽略，却可能是致命的。

我们不妨以美甲 O2O 模式为样本，做一个简要的分析。

美甲 O2O 初兴于河狸家。河狸家的模式是顾客通过线上预约，让美甲师上门为顾客提供服务。河狸家作为平台，不收取美甲师的佣金，免费为美甲师撮合业务。推广初期，顾客可以免费享用上门美甲服务，费用全部都由河狸家埋单。

河狸家的创始人称，每个月都要亏损 1 000 万人民币。他还放言说要烧掉 5 个亿，就为了培育市场及用户的消费习惯。

河狸家之所以敢做这么高能耗的事，其根本原因是"羊毛出在 VC 身上"。但是，以如此高的能耗推出的上门美甲服务，是不是真的是顾客的刚需呢？是不是能培养出顾客的刚需（消费习惯）呢（参看本书第 10 章）？

第 11 章
能耗平衡：O2O 商业模式的成功命脉

如果答案是否定的。那么，风投就变成了疯投，O2O 也就成了从零蛋到零蛋了。

我们可以很清晰地看到，VC 的投入并不是无限额的，也不是无期限的。在 VC 的羊毛托盘下，顾客当然是愿意宅在家里享受免费服务的。而美甲师无须缴纳平台佣金，还能得到补贴，当然也愿意。

但是，一旦 VC 的羊毛被拔光后，O2O 运营恢复常态时，整个模式的系统能耗就完全不一样了。

这时候，商业回归本源，羊毛还是要出在羊身上了。美甲师的专业时间是其最值钱的资源。如果还是要上门服务，花费在路途上的时间就成了美甲师最大的能耗支出。顾客必然要为这部分额外能耗支付额外的费用。这样，顾客的价格能耗必然就加大了。而作为撮合者的 O2O 平台如果仍然不收取美甲师的佣金，其运营成本就没有来源，更不用说利润了。

可见，要想维系整个 O2O 模式的运营，顾客必须甘愿为上门服务支付便利溢价。否则，整个模式的系统能耗就无法达到平衡，从而必然导致不可持续。

那么，顾客到底愿不愿意从免费的美梦中一跃跳到要支付高额费用的现实中来呢？

从心理预期的角度来说，很大一部分顾客很难完成这惊险的一跃。这就会导致平台用户的大批流失。

当然，还会有一部分支付能力强劲、已经被原来的上门服务模式培养出了偷懒习惯的顾客愿意为便利溢价买单。但这一小部分顾客能否支撑得起撮合平台的运营能耗呢？

另一方面，我们还可以再思考一下，顾客要想满足自己在家美甲的需求，是不是非得通过O2O模式呢？

美国加州的一家叫做Preemadonna的公司综合利用惠普的热能技术、手机的摄像头、计算机视觉等技术，推出了一款自动美甲机。这款小巧的机器可以通过智能手机的摄像头，在指甲上打印出各种各样的彩色图案，整个过程耗时只需要几分钟。其具体的操作流程是：

首先，用户通过手机选择喜欢的图案，并用手机设定；其次，用户需要试划一次；然后第二次根据屏幕的节奏再划一次，选中的图案就会打印在指甲上。

这款自动美甲机，与O2O的上门美甲服务相比，其节能性简直不可同日而语。而更重要的是，自动美甲机可以帮助用户将网上任何的心仪图案（包括自己拍摄的照片）打印到指甲上。这就极大地激发了顾客的参与感。顾客甚至可以自己来设计个性化的创意美甲图案（这也是玩具思维的典型案例）。

第 11 章
能耗平衡：O2O 商业模式的成功命脉

从综合能耗角度来看，自动美甲机几乎可以秒杀一切美甲师。当然，羊毛出在羊身上，这款美甲机并非免费。因为目前尚未达成规模化量产，第一代美甲机的售价为 199 美元，折合成人民币也就 1 000 多元。这对于爱美的女人来说，这点一次性投入显然算不得什么。据 Preemadonna 公司的创始人说，3 年之内将把机器的零售价降低一半。这样的话，价格能耗就更低了。

我们不妨试想一下，总体而言，O2O 上门美甲模式能斗得过自动美甲机吗？

当然，并不是所有的 O2O 模式都能开发出相应的自动机器，并通过顾客的自助服务（参与感）来完成低能耗的逆袭的。

我们引用这个例子，只是想着重说明，很多 O2O 模式其实并不是用户的唯一选择。如果 O2O 模式，无法在综合能耗上胜过传统模式、竞争对手的模式，以及 O2O 之外的创新模式，一定是无法持续运营的。

商业模式往往胜在"以己之重换用户之轻"，即用自身的高能耗来换取用户的低能耗，从而增加用户的体验感与黏度。但是，如果用户之轻无法创造可观的运营利润，从而有效弥补商家之重，能量失衡的系统必定归于烟消云散。

同时，在考察 O2O 模式是否能够持续成功，我们更应该放大视野，看看是否存在非 O2O 的领域，是否存在着低能耗的替代模式。

明白了这两个基本点，我们就不会被风起云涌的 O2O 狂潮迷乱了双眼。

重新定义综合成本

进入 2015 年年末，曾经喧嚣鼎沸了两年之久的 O2O 热潮终于露出了狰狞的一面。风险资本意兴阑珊，不再愿意为各类 O2O 项目的肆无忌惮地烧钱提供货币弹药，涉及各行各业的 O2O 项目一批批地倒下，成为移动互联网背景下商业进化的牺牲品。但不计其数的社会资源、资金资源、人力资源依然被挥霍浪费。

我们不禁要问，到底什么样的 O2O 模式能够成功？到底什么样的 O2O 模式能够持续成功？我们能不能找出一个普适的模式来加以判断呢？

很多 O2O 商业模式都是第一次出现在世人面前，缺少可资借鉴、比较、衡量的模板，如果按照传统的商业经验，是很难预判其成败的。前述的能耗判断才是一个可行的方向。

O2O 不论是从线上到线下，还是从线下到线上，归根结底都是商业模式。而商业模式在某种程度上可视为一个具有相对独立边界的有机体。商业模式有机体存储、吸收、消耗的能量就必然存在一个平衡的问题。显然，一个能耗不能达到平衡的商业模式是无法持续的。

更进一步来讲，任何商业模式都是始于人，终于人，还是要落到活生生的人身上的。所以，商业模式的能耗最终会体现在消费者的生理及心理消耗上。

从上述角度出发，来审视判断O2O模式能否成功、能否持续成功，可以说是一种独辟蹊径且行之有效的新方法。

具体而言，任何一个全新商业模式的尝新者，都需要在认知及行为上付出转换成本，这个转换成本是包含生理因素及心理因素在内的综合成本。

我们将这种综合成本称为"能量"。由此，消费者能量的消耗及平衡就成了判断O2O商业模式成败的重要参数。

消费者做出新选择而导致的综合能耗，既包括时间、体力上的物质性投入，也包括学习新的消费技能带来的认知负担、对新技术安全性的担忧、对旧有习惯模式残值浪费的惋惜等精神性成本。此外，价格既会带来物质性消耗，也会带来心理消耗。

衡量O2O能耗的六个维度

我们可以从时间能耗、空间能耗、价格能耗、学习能耗、安全能耗、关联能耗这六个维度来衡量一个商业模式的综合能耗。

1. 时间能耗。时间能耗是指顾客购买某项产品或服务所需要付出的时间成本。比如，顾客到大型商场购物，就必须花费时间前往，时间的长短视顾客常居地的远近而不同。如顾客到社区内或街角处的便利店购买，一般就比前往大型商场的时间能耗要低得多。而移动互联网背景下的网购则几乎实现了随时随地的购买，其时间能耗大大下降。但同时，购买的便利性却也带来选择上的困难。花在浏览、挑选、比对上的时间能耗却又增加了。

2. 空间能耗。空间能耗主要是指空间距离带来的生理性损耗。比如，购物后如需自己携带回家，物件沉重，消耗体力就大。即便物件轻巧，也会在行程中带来不便。网购的快递送货上门，几乎将消费者的空间能耗降低至零。当然，能耗不会凭空消失，而是转移到了快递员身上。

3. 价格能耗。支付或累计支付超过承受能力的价格会带来精神痛苦，从而产生能耗。而打折促销等则可以极大地减少价格能耗而带来精神快感。另外，一旦消费者通过比对后，发现自己买贵了，就会带来极大的精神痛苦，这也意味着价格能耗的增加。

4. 学习能耗。购物习惯是需要培养的。当一种新的商业模式出现后，顾客少不了学习的过程。比如，在手机上用支付宝付账，比传统的支付现金或刷信用卡要方便很多。但是，学习如何使用支付宝却是一个能耗较高的过程。在部分城市，支付宝于2014年"双十二"时实施了一场促销活动，顾客凡是在一些大型超市购物时使用支付宝钱包付款，可以享受五折优惠（优惠额度50元封顶）。此举大大降低了顾客的价格能耗，对那些连便宜一两毛钱都趋之若鹜排长队的大伯、大妈们自然极具诱惑力。问题是，这些年龄偏大的顾客手机里根本就没下载支付宝 App，更谈不上使用支付宝了。这就是一个学习能耗的典型案例。

5. 安全能耗。顾客对于新模式的担心会带来心理能耗。比如，担心网络支付账号有可能被黑客获取，而增加资金的风险。再如，共享经济的先锋企业 Airbnb 为了确保用户安全，对于在平台上注册的房东设立了严格的身份审查流程。房东不但要提供身份证、护照、社会保障号码等现实生活中的证明，还要提供社交媒体（Facebook、Linkedin 等）上的账号。如果社交媒体上的朋友（粉丝）少于 100 人，就有可能被拒。这两项身份信息提供后，还需要提供电话及电子邮箱，这才算是完成了身份核验的流程。这些复杂而耗能的流程，正是为了缓解房客的安全能耗。如果安全无法确保，再便宜、再便利的服务都很难会有顾客问津。

6. 关联能耗。关联能耗是指商业模式本体之外的关联成本视不同的情形而又有多种不同的呈现方式。比如，重庆野兽花园咖啡的一家门店，因为附近修地铁而被围了起来。很多老顾客以为门店暂停营业，不再光顾，导致客流量下降了 50%。这家门店如想恢复业务量，就不得不加大营销推广力度，这个和咖啡店本身无关的意外事件就增加了整个商业模式的关联能耗。后来，这家咖啡店成功通过微信构建了 O2O 模式，低能耗地解决这个难点。

我们将这六个维度综合在一起，就可以构建如图 11-1 所示的商业模式综合能耗图。

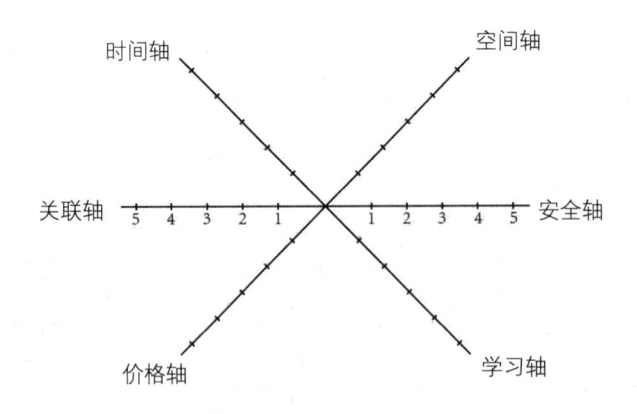

图 11-1　商业模式综合能耗图

在图 11-1 上我们可以按照 5 级度量，大致确定某个商业模式的六个维度上的能耗，然后连点成线，封闭线段内的阴影面积（如图 11-2 所示），即可视为这一商业模式的综合能耗。

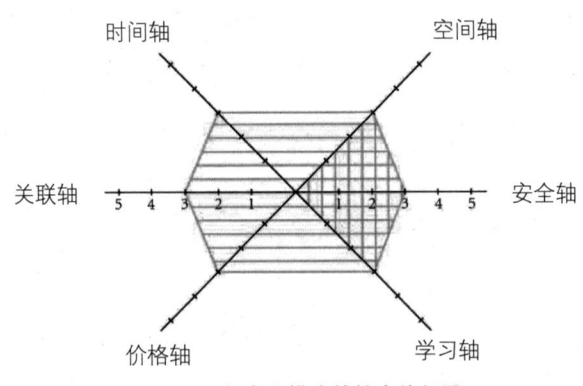

图 11-2　新商业模式的综合能耗图

第 11 章
能耗平衡：O2O 商业模式的成功命脉

假设有这样一个理想化的商业模式，时间能耗、空间能耗、价格能耗、学习能耗、安全能耗、关联能耗均为 3；同时，一个采取免费策略的新商业模式将顾客的价格能耗降为零。

在图 11-2 中，整个阴影面积为传统商业模式的综合能耗，而横条纹的阴影面积则为采取免费策略的新商业模式的综合能耗。两相比较，新商业模式的综合能耗很明显要低于传统商业模式。现实中，采取免费策略的商业模式确实将传统的收费模式打得落花流水。两者之差的这块格子阴影，则需要厂商通过其他途径的能量补给或减少利润来予以抵充承担。

O2O 成功的两大法则

有了上述基本模型，我们就可以将其应用于判断 O2O 模式能否成功、能否持续成功了。

根据自然界有机体能量消耗及能量平衡的基本原理，我们可以推导出 O2O 商业模式的两个能耗法则，这两个法则也是"O2O 能耗平衡论"的核心观点。

能耗最低法则

一个 O2O 项目，如果用户的综合能耗不能比传统模式或其他竞争性项目更低，那就不能取得成功。

美国家政业 O2O 的鼻祖 Homejoy 一直被视为最成功的 O2O 实践之一。通过 A、B 两轮，它融到了 4 000 多万美元的投资，其业务范围迅速扩展到美国 31 座城市，甚至进军了英法德这些国家。

从整体来看，O2O 项目能够做到像 Homejoy 这样的成就属于凤毛麟角了。但即便如此，Homejoy 还是没能逃脱 C 轮死的厄运。

Homejoy 的死因何在？

就是出在时间能耗和学习能耗上。我们可以设想一下相关的消费场景。顾客通过 Homejoy 的线上平台约到了一个比较满意的家政工。这相对于传统的在报纸或网站上发布招聘信息或委托给线下的中介公司的模式更为节能，所以 Homejoy 前期取得了较大的成功。

但是，这个模式的特点在于，每一次顾客都需要通过平台与陌生的、不可知的家政工匹配，而且需要提前 24 小时登录 homejoy 的平台才能预约。然后等这个新的家政工来了之后，双方还要重新磨合。这样一来，顾客的时间能耗、学习能耗就远远高于跳过 Homejoy 平台可直接和原先那个比较满意的家政工私下达成协议。

这就是 Homejoy 的致命之伤。越是通过该模式找到心仪家政工的顾客，就越是有能耗动力跳过 Homejoy，直接与家政工建立长久雇佣关系。Homejoy 的平台价值就这样因为能耗过高而快速流失了。

第 11 章
能耗平衡：O2O 商业模式的成功命脉

顺丰的 O2O 项目嘿客社区店的 10 亿学费同样也是交给了能耗不平衡。

首先，以前顺丰递送的快件是由快递员直接送上门的，在嘿客 O2O 模式下，则需要客户到嘿客店自取。这就直接增加了用户的时间能耗和空间能耗。如果顾客到了嘿客店里，突然起意要在店里购买一瓶酱油或一瓶醋。这是嘿客最乐于见到的情形，但嘿客店内没有现货，只能让顾客用手机刷图片下单，然后回家去等送货上门。这是不是也较大地增加了顾客的综合能耗？综合能耗大的 O2O 模式，自然是不能长久的。

在这方面，做得比较成功的有北京的青年菜君。

青年菜君是一家为上班族提供半成品菜的 O2O 项目。大城市里的上班族工作非常繁忙，路途时间消耗也很大。如果能为他们提供回家简单一炒就能吃的半成品菜，确实能有效减低他们的能耗。青年菜君这个 O2O 项目通过线上开展销售，并把提货地点放在了地铁口。这比起将菜直接送到上班族的办公室里，让他们提着菜挤地铁、赶公交就要节能多了。这个项目也因此获得了很多上班族的青睐。

滴滴打车通过与快的打车的烧钱大战，对司机和乘客都给予了高额补贴而将价格能耗降至零，甚至是负数，从而击败了传统的打车模式以及烧不起钱的竞争对手（如摇摇打车）而获得了超速发展（如图 11-3 所示）。

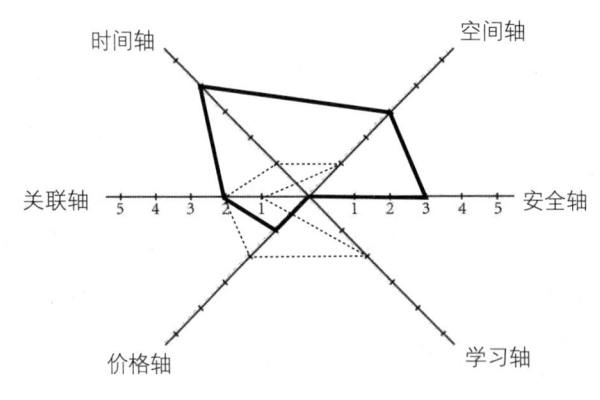

图 11-3　滴滴模式的综合能耗图

传统模式要消耗很大的时间、空间及价格能耗，但人们已经完全习以为常，故而学习能耗为零。安全能耗方面，出租车偶尔也会发生抢劫杀人的意外，因比率不高，故估设为 1，关联能耗取 2。滴滴打车模式极大地降低了时间、空间能耗，而巨额补贴使得价格能耗为负，故延伸至关联轴的 1 处，意为负数。滴滴打车是新模式，需要下载 App，学习如何应用，但难度不算大，故而学习能耗为 2。滴滴初创时，人们对其的安全忧虑较大，故安全能耗取 2。关联能耗统一取 2。

基于上述分析，在综合能耗图上连点成线，两种模式的能耗面积就一目了然了。

那么，如果想要击败滴滴打车，势必要推出能耗更低的 O2O 模式。

第 11 章
能耗平衡：O2O 商业模式的成功命脉

一位叫作卢萨尔·库托（Lucas Couto）的设计师研发了这枚可以打车的智能小按钮——Take.Me。Take.Me 非常小，可以随意地别在包袋、衣领等任何位置，使用时候与事先关联好的手机 App 相连。需要叫车时，按住按钮 5 秒钟，出租车司机就会收到信号。如果想取消，再按住 3 秒钟即可取消预约。连续按三次则会触发紧急联络。

Take.Me 与滴滴模式的能耗对比如图 11-4 所示。

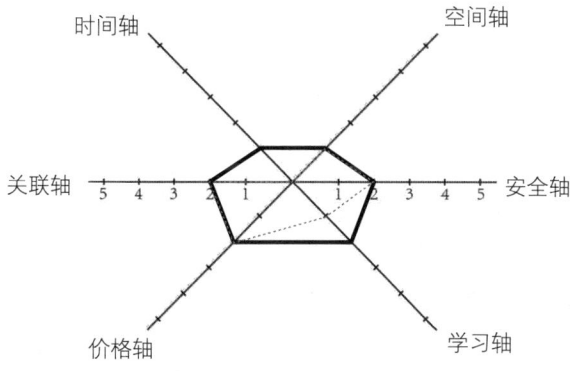

图 11-4 Take.Me 与滴滴模式的能耗对比

实线：滴滴打车能耗
虚线：Take.Me 能耗

滴滴模式的时间、空间、学习、安全、关联能耗与图 11-3 相比保持不变，取消补贴后，其价格能耗恢复正常至 2。Take.Me 的时间能耗几乎为零，空间能耗、价格、安全、关联能耗与滴滴相同，均为 2，学习使用的过程非常简单，为 1。

两者的能耗对比也就很容易看出了。显然，Take.Me 如果付诸应用，一定会对滴滴模式造成冲击。

能耗平衡法则

一个 O2O 模式如果确实做到了让用户的能耗最低，一定可以在与其他竞争模式的对战中获胜。但这并不意味着这个模式就可以高枕无忧，持续运营。

要想持续成功，消费者和商家以及关联的第三方之间的能耗也要相对平衡。

滴滴、快的进行烧钱大战的时候，固然通过补贴的形式，将用户和司机的价格能耗降为负数，从而有效抵消了学习能耗和安全能耗。但是，一旦补贴降低或停止，活跃用户数量就立即大大减少了。滴滴与快的合并后，一度停止了大额度的补贴，结果给了迟到者优步一个很好的抢夺用户的机会。

很多上门服务类项目（如按摩）在这类 O2O 项目中，技师的时间成本是很高的。技师的专业价值最大化就意味着让技师把最宝贵的时间用于服务本身。但是，上门类的 O2O 却让技师奔波在路上，这就极大地提高技师的时间能耗。技师要想盈利，只能通过大幅增加服务价格来予以补偿。正常情况下，这部分成本必然转嫁到顾客身上。但这样，顾客的价格能耗自然随之增大，从而降低了其消费意愿。当 O2O 处于跑马圈地的初级阶段时，由于有风投强力撑腰，通过补贴的形式降低了技师和顾客的能耗，但商家

第 11 章
能耗平衡：O2O 商业模式的成功命脉

却因为能耗的转移至自身而导致能耗大大增加了。一旦风投的钱花光了，或者风投不愿意再投入了，这种高能耗的模式就持续不下去了。现在倒闭的很多 O2O 项目，特别是上门服务类的 O2O，基本就是因为这个原因而走向末路的。

要想取得消费者与商家之间的能耗平衡，很重要的一点就是想方设法降低商业模式供给端的能耗，而不是一味借助风险资本的外部能量输入。

在哀鸿遍野的洗车 O2O 项目中，呱呱洗车却是一个罕见的例外。其做法正可以为我们阐明能耗平衡的重要性以及具体实现的途径与方法。

呱呱洗车于 2014 年 10 月由前高德地图及车联网核心团队创立。在 O2O 热潮中也拿到了多轮风投。2015 年 9 月，与赶集网的易洗车合并。

呱呱洗车充分运用了基于原高德地图技术的 LBS 服务，并加以针对性优化，从而有效降低了自身的运营能耗。

在实际操作中，用户打开呱呱洗车的 App，首先定位自己车的位置，以便洗车工第一时间找到车。App 借助高德地图的围栏功能，为洗车工设计了半径为 3 公里的工作区间。同时，洗车工利用多点路径规划和动态交通信息功能优化自己的出行路线。

此外，热地图功能可以提示洗车工当前哪一个区域洗车需求较大，以便洗车工聚集到需求集中的地域。这些措施，极大地降低了供给端的综合能耗。这也是呱呱洗车在洗车 O2O 项目倒闭潮中依然屹立，并有着不错的财务表现的本质原因。也正因为此，在资本的寒冬中，2015 年 11 月 17

日，呱呱洗车再一次拿到了 1 亿元人民币的投资。

O2O 能耗平衡法则的应用

O2O 综合能耗图可以非常方便地为我们提供判断一个 O2O 项目能否成功、能否持续成功的基本方法论及实用框架。

具体而言，"O2O 能耗平衡论"的价值或作用体现在以下几点。

1. 将 O2O 模式与传统模式置于同一幅综合能耗图中，用同一标准对这两个模式做泛量化的对比。如果 O2O 模式的能耗阴影面积明显小于传统模式，那么，这将是一个具备创业成功可能性的模式；反之，则不能盲目投入。

2. 将互为竞争对手的 O2O 模式置于同一幅综合能耗图中，用同一标准对这两个模式做泛量化的对比。那么，能耗阴影面积较小的 O2O 模式更有可能胜出。

3. 对 O2O 项目的线上和线下两个环节开展能耗对比分析，如果两者之间脱节，相互间不能提供能量补贴支持，即两者之间缺乏平衡机制的话，这样的 O2O 项目是不可持续的。

4. 在顾客和商家之间开展能耗对比分析，如果商家的能耗阴影面积远远大于顾客的能耗阴影面积，那么即便顾客十分愿意接受低能耗的产品服务，但商家的运营却是难以为继的。

当下，正逢 O2O 从喧闹热潮坠入资本寒冬，一大批的 O2O 项目在失去了资本的加持后，纷纷走向了黯然断魂的不归路。微信上朋友圈里疯传的一份 O2O 的死亡名单，列出了涉及 16 个领域的 O2O 倒闭项目，其中餐饮外卖、洗车、教育、旅游等曾经火得不得了的领域一夜之间就沦为重灾区，导致了社会资本的极大浪费。

究其原因，正是商业模式的综合能耗极度不平衡所致。这些 O2O 项目，严重依赖风险资本的输血，其商业逻辑是凭借外部输血而大肆削减价格能耗才得以成立的，但这并不能代表真实的用户需求。如果我们的风险投资人、创业者事先能够运用本文介绍的"O2O 能耗平衡论"的模型，也许就不会被盲目乐观冲昏了头脑，而是会审慎地设计项目、投资项目，也不至于白白浪费了那么多的社会资源，这对于整个互联网商业以及社会经济的健康发展都将是大有裨益的。

第 12 章　疗愈营销：全球营销的情感趋向

　　好莱坞大片《超能陆战队》上映后，片中的卡通角色大白一下子火了。其呆萌的造型、贴心的言行尤其赢得了女性观众的喜爱，被她们视为一个可以在任何时候满足需要、对自己无微不至的"暖男"。无论是陪聊、逗笑，还是近身防卫、飞行作战、治愈内外创伤，大白都堪称"完美男友"的代表。

　　大白火了之后，相关的衍生品也骤然兴起，诸如大白公仔、大白服装、大白沙发、大白水壶、大白 LED 灯、大白 U 盘等数千款产品蜂拥而出，而且售价不菲，销售却十分火爆。

　　大白何以如此火？为什么一个偶尔诞生的卡通人物将营销之海搅得风生水起？

　　大白现象看似简单，但如果深入质髓，却足以管中窥豹，凭叶知秋。事实上，大白大火，正揭示了消费者此前从未得到充分觉察、也从未得到充分满足的一种重大需求，以及立基于此的全球营销潮流的动态演变和未来的大趋势。

疗愈性需求成为一种现实

在经济学上，有一个"理性人"假设，即假设市场中的每一个人作为独立的决策主体，其行为是完全理性的，既不会感情用事，也不会盲从跟风，其所追求的唯一目标就是自身经济利益的最大化。

但我们知道，"理性人"只是一个假设，与真实情况颇不相符。人们的很多行为都是出于下意识的判断和未经权衡的冲动。

同样，在营销学上，也隐含着一个假设，即"正常人"假设。在几乎所有的营销活动中，都预判性地将潜在的目标顾客视为心理健全、精神卫生的正常人。这同样与事实有出入。

根据世界卫生组织（WHO）2007年公布的数据，全球约有10亿人正在经历心理、神经、精神疾病的影响。据测算，全球每年有87万人自杀。世界卫生组织心理健康部主管萨拉西诺（Saracino）还表示，超过90%的自杀案例都和心理疾病相关。世界卫生组织的数据还表明，在中国，有2亿多人承受着心理问题的困扰与折磨。[1]

上述数据只是统计了已经出现较为严重状况的心理疾病患者的数字。那些征状尚轻，可以间歇性自愈，还不能归入心理疾病患者范畴的人数显

---

[1] 资料来源：http://health.sohu.com/20070306/n248528414.shtml。

然是一个更大的数字。

简而言之，营销所面对的一部分受众绝非我们此前默认的心理意义上的"正常人"。

明白了这一点，我们也就看到了一个巨大的市场需求和一片几乎空白的营销地带。

这些数量巨大的潜在顾客特别需要情感抚慰，来满足或缓解他们的精神创伤或对于幸福美满生活的向往。

顾客的三类需求

我们将顾客的需求分为实用性需求、炫耀性需求和疗愈性需求三大类。

疗愈性需求作为一种精神层面的需求，是在物质丰沛、用户掌权的互联网时代大背景下凸显出来的。能够满足顾客疗愈性需求的产品，必须在产品的基本功能之外，富含情感因素，以触动顾客的心理之弦，与顾客形成情感共振，从而起到共情抚慰之效用。

我们在本书第 3 章中提出了"未来的产品必须具备针对消费者情感的识别、呼应，甚至是疗愈的能力"。沿用这一全新理念，从营销的层面看：

未来的营销也必须具备针对消费者情感的识别、呼应，甚至是疗愈的能力。

这就是疗愈式营销。

于是，我们此前的"大白之问"的谜底也就大白于天下了。

大白虽然只是一个机器人，说话平平淡淡，没有音调的起伏，但却让人深感舒服和放松。而且，无论刀山火海，他永远都把朋友放在第一位，奋不顾身地加以保护，让人深感暖意。在快节奏的社会生活中，人与人之间的交往日益沦为"只讲利益，不顾感情"的冰冷模式，试问哪一个人没有遭受过尔虞我诈、勾心斗角的情感伤害呢？试问哪一个人没有承受过孤独无助、黯然神伤的心灵创伤呢？

在这样的情况下，大白可以无限不间断地提供安全感及抚慰感的"暖男特质"更显难能可贵。感触良多的女性们自然将自己内心对于美好情感的向往与匮乏，投射到了大白身上，大白自然就成了万众热盼的情感之靶了。与此同时，大白也成了很多千方百计讨女友欢心的男性效仿的楷模。

褚橙火爆的背后

大白的走红为我们揭开了"疗愈式营销"神秘面纱的一角，但大白并非"疗愈式营销"的孤例。我们再来看一个更为典型的案例。

第 12 章
疗愈营销：全球营销的情感趋向

这就是我们已经在第 2 章已经提到过的火遍全国的褚橙。在这一章里，我们再来一次更为深刻的剖析。

褚橙为什么能火？关于这个问题，我们已经用产品膨胀的理论展开分析过了。

褚时健为什么能在耄耋之年东山再起？这个问题却是一个新问题。

这两个问题激发了很多商业从业者及研究者的浓厚兴趣。

黄铁鹰教授在深入研究了褚橙案例后，得出的结论是：

褚橙是种出来的！褚橙热卖符合商业逻辑，产品好永远比营销好更重要。褚橙的质量真好与褚时健的名声比起来，至少是同样重要。

陈春花教授则提出了四点结论：第一，顾客价值为上；第二，产品力（褚橙品质最优）；第三，对价值链的理解（让利于价值链的其他环节，让为你服务的其他人赚钱）；第四，管理效率的释放（指褚时健的管理素养非常高）。

这两位学者的意见可以约略归纳为"产品制胜说"，代表了主流的评判。

当然，也有小部分人坚持认为，是本来生活主导之下的互联网营销成就了褚橙的美名，这可以约略归纳为"营销制胜说"。

但其实深究下去，无论是"产品制胜说"还是"营销制胜说"，都未能洞悉褚橙成功的真正奥秘。

如果褚橙真的是靠产品本身的品质说话，为什么在 2012 年之前的 10 年间一直在云南而没有走向全国？

如果褚橙最终是靠褚时健的名声而名扬天下，那么褚时健早已显赫，为什么此前 10 年没能成功助推产品热销呢？

如果说褚橙火爆是互联网营销（包括线上大 V 的推波助澜）使然，那么为什么本来生活网后来运用同一套手法，推出的柳桃（与商界教父柳传志相关）、潘苹果（与商界大佬潘石屹相关）却未能再现褚橙的一飞冲天呢？

实际上，褚橙的成功确实是营销的成功，但却不能简单归于互联网营销的成功。互联网营销只是技术外壳，真正的奥秘就在褚橙暗含的疗愈性作用。

人们蜂拥购买的褚橙，其实并不是简单的水果，而是一件富含抚慰效用的精神疗愈品。

我们知道，褚橙从物质实体的角度来说，并不能起到疗愈作用，真正

第12章
疗愈营销：全球营销的情感趋向

起作用的是褚橙种植者褚时健的人生经历及其折射出来的精神力量。

当褚时健的精神力量因着互联网营销而与产品融为一体并被千百倍放大后，褚橙就成了一件精神意义上的疗愈产品了。王石在微博上引用美国巴顿将军的语录："衡量一个人的成功标志，不是看他登到顶峰的高度，而是看他跌到低谷的反弹力。"这无疑是褚橙这一精神疗愈品的最佳注解，褚橙也因此被称为"励志橙"。

褚橙的产品疗愈性

褚橙的产品疗愈性具体体现在以下几个方面。

1. 国人的"英雄崇拜情结"和"成功崇拜情结"非常浓厚。这是因为只有成功者和英雄才能在社会阶层中占据有利的位置，而现实中的大多数人往往离成功很远，离英雄很远，故而只能通过"英雄崇拜"和"成功崇拜"来对冲弥补内心的匮乏。从这一意义上，几度站到人生高峰的褚时健正是英雄与成功的代表人物。这样的一个人，对于渴求成功、渴望成为英雄的普通消费者无异于精神大补丸。

2. 环顾整个人类历史，在遭受命运的惨重打击后，依然能够东山再起的人屈指可数。褚时健能够在牢狱之灾、家破人亡后，最终再次成功，这对于那些性格软弱、在生活的浪涛中随波逐流、得过且过的人来说，不啻是一剂强心针。

3. 褚时健击碎了国人的"年龄桎梏"。很多国人一过40岁，就觉得人生已经无望，转而混吃混喝等退休了。而褚时健75岁出狱，从零起步创业，接近90岁依然奋战在果园一线。这对于那些早早开启"等死模式"的国人来说，无疑是一记警钟。

4. 这也给了很多人以莫大的希望。既然褚时健75岁创业成功，我比他年轻那么多，为什么就不可以呢？一些纠结于年龄渐长却还未能取得符合预期成功的人，则因此放下了焦虑。

总而言之，当褚时健跌宕起伏的经历与奋斗不息的精神注入褚橙之后（这是一种典型的产品膨胀），契合当下国人的精神征状而生发的疗愈作用也就无远弗届了。形形色色的人们从褚橙中看到了希望，激起了斗志，得到了抚慰。

这正是疗愈式营销的典型体现。

人人都有精神抚慰需求

在第一季《爸爸去哪儿》热播后，田亮和女儿田雨橙大受欢迎。尤其是田亮不标准的"陕普"屡受调侃，包括女儿的英文名字 Cindy 被念成"森碟"也是由于田亮的英文发音而被剧组搞出来的恶作剧。

步步高点读机以此为契机，推出了田亮和森碟版广告，田亮把"老虎"读成"体格"而受到女儿质疑时显出尴尬和无奈，当点读机把正确发音读出来时，田亮舒心地笑了，森碟也开心地表示："点读机上做作业，so easy，爸爸再也不用担心我的学习了。"

田亮由于自己的语言短板而可能影响女儿的成长所产生的愧疚心理得到了抚慰。现实生活中，与田亮有同样境遇的家长一定不在少数，他们由此可能很容易就接受了点读机这个产品。

在我们的身边，类似的疗愈式营销案例还有不少。

总体而言，就商业发展进程来看，疗愈式营销才刚刚露出了冰山一角。饱受心理困扰的现代人，将会越来越需要具备一定精神疗愈效果的产品，未来的营销必须具备针对消费者情感的识别、呼应，以及疗愈的能力，而这正是营销人努力的方向及机会。

第 13 章　共享货币：使用权经济的支付革命

所有权经济曾经是整个商业世界的主宰。这个商业世界的基本运行规则是顾客掏钱，以获得商品或服务（在某一段时间内）的所有权。而共享经济是使用权经济，是对所有权经济的强力颠覆。在这种新经济框架下，曾经的支付手段与支付模式必将发生重大的变化。

新货币的出现

共享经济的出现是建立在所有权碎片化的基础之上的，换言之，所有权等于碎片化的使用权之和。

在传统的商业经济架构下，人们为了获得使用权，必须拥有所有权。因为在当时的认知层次上，所有权基本上是完整而不可分割的（不排除极少数的例外）。

所以，一个人为了某一时段的使用权，就不得不承担全部时段的代价而购买商品或服务的所有权。例如，你买了一辆汽车，绝不可能每天 24 小时都驾驶它，也不可能每一次驾驶出行都是满座，这必然会带来极大的浪费与闲置。而共享经济则是对这种所有权浪费或闲置的一种救偿，所有者们通过分享某一时段碎片化了的所有权而获得了额外收益，共享者通过参与其中而得到了更低价格的更好的服务。

在共享经济的商业语境下，在移动互联网新技术的推动下，势必出现与之匹配的新货币形式。此前，所有权经济的商品交换（交易）非常简单，但是在共享经济下，货币就突破了单一的金钱而有了全新的定义与表现形式。

一般而言，共享经济的新货币可分为时间货币、隐私货币和金钱货币三种。

时间货币

事实上，在所有权经济下，人们为了购得某一商品或服务的所有权也是需要付出时间的。但几乎所有的人都只看到了以金钱支付的显性代价，而忽略了隐性的时间货币。

比如，在传统的打车模式下，人们只关注最后所支付的打车费，却没有衡量估算为打到车而花费的时间成本。但是在共享经济下，人们对于自己所要支付的时间成本变得格外敏感。

第 13 章
共享货币：使用权经济的支付革命

任何消费范式的转变都是耗能的，因为惯性的做法不需要耗费额外的心智认知资源，而对此加以变革就是要在大脑中组建新的神经链接，以适应新的模式。如果新的出行模式要和传统打车模式付出同样的等待时间，用户的体验感就无从保证，人们缺乏足够的动力来变更自己的消费范式，创新自然容易无果而终。

当然，这也是因为不断进化的互联网技术为用户的即时满足提供了支撑。比如，共享经济的旗手级企业优步在全球宣称自己最大的特点是"一键叫车"，确保3分钟内就能叫到车，这样的时间成本相较于此前的传统打车简直是不可想象的。

不仅仅是共享经济，在某种程度上，尽可能让用户节省时间成本已经成了互联网商业模式的标配。

亚马逊将网页端一键点击订购功能集聚合成于一个叫 Dash Button 的硬件，以帮助用户更方便快捷地购买日用品。Dash Button 背面粘胶与挂钩的设计可以将其贴在用户最便利的位置，用户只需轻轻一按，即可购买已经事先关联好的商品。例如，人们在洗衣粉用完又急需时，往往会前往附近的便利店购买，而不会通过网上购买。但是，粘在洗衣机上的 Dash Button 就可以免去用户急急赶赴便利店之苦，只需轻轻一按，亚马逊就会将洗衣粉送上门来（参见本书第10章和第11章）。

时间之所以成为新的货币之一，还有一个原因是因为时间越来越稀缺。

自从电灯照明的出现，将人类的夜晚时间充分发掘利用起来。而互联网及移动互联网的出现，彻底地摆脱了时间（时段）的约束，人们理论上可以在任何时间享受任何服务。但也正因为这样，无孔不入的商业驱动力几乎将人们所有的时间（除了必不可少的睡眠时间）占满，人们很难抽出多余的时间来应付持续蜂拥而来的新服务。时间因稀缺而宝贵，最终将成为商业链条中的硬通货。

隐私货币

隐私曾经是传统经济下人们视若珍宝的东西，绝不肯轻易对外透露。但是在共享经济下，人们不得不支付自己的隐私以换得便捷、便宜的高体验感产品或服务。

比如，房主要想在 Airbnb 上分享自己的房子，必须经过严格的身份审查流程。

房主不但要提供身份证、护照、社会保障号码，还要提供社交媒体上的账号（Facebook、领英等）。如果社交媒体上的朋友（粉丝）少于 100 人，也有可能被拒。此外，还需要提供电话及电子邮箱。这就等于房主将自己的很多隐私提供给了 Airbnb。

同样，作为房客也必须将自己相应的隐私支付出去，才有可能成交。当房客入住后，房主现实生活中的隐私再一次被公示给房客。

第 13 章
共享货币：使用权经济的支付革命

当然，汇聚了最多（双向）用户隐私的自然是 Airbnb、优步这样的平台管理者了。

当所有权和使用权合一的时候，隐私是最有保障的。当这两者一分离，隐私就不可避免地在一定范围内被公开了。除了安全隐私的考量，支付隐私货币也是获得高体验感的必要保证。

比如，2014 年 4 月，迪士尼公司耗时一年斥资 10 亿美元推出了 MyMagic+ 服务系统，这个系统可以让游客通过网站进行游玩规划。迪士尼为游客提供了一种被称为 Magicband 的可穿戴设备，这是一种防水的腕带，有多种用途，既可以充当迪士尼乐园旅馆的房门钥匙，还能作为进入主题和水上公园的门票。游客在奥兰多机场可以凭 Magicband 乘坐迪士尼神奇快运交通系统，还可以凭 Magicband 在迪士尼的商店中购买食物和商品，在迪士尼度假区旅馆入住期间送货到旅馆房间。

游客之所以可以享受如此轻松惬意的游玩过程，是因为 Magicband 从游客身上收集了大量丰富的数据（隐私）。Magicband 可以追踪游客在乐园里的活动，了解游客乘坐过哪些游乐设施、乘坐同一游乐设施的次数，以及游客在乐园的支出、喜欢吃的东西，等等。

迪士尼通过分析这些隐私数据，才能为游客提供高度个性化的体验。如果游客不愿意支付隐私货币，那就只能接受一般的常规服务了。

支付隐私货币从根本上消除了传统经济下的信息不对称，这正是共享经济得以大行其道的极其重要的原因。

心理学上有个名词叫坦露互惠效应，即陌生人通过相互交换隐私，信任随之建立。所以，隐私可以说是推动共享经济发展非常重要的新货币形式，若缺乏隐私货币，共享经济将难以为继。

金钱货币

金钱货币是最主流的传统经济的支付手段，而在互联网的大语境下，免费在很长的一段时间内几乎成为一种主流的共识。在风险资本的助推下，很多互联网公司纷纷将免费作为抢占市场份额、迅速做大规模的第一利器。很多人美其名曰"羊毛出在猪身上"，但却没有想过，继续推导下去，猪毛又出在谁的身上呢？最终的成本都转移到了风险资本身上。

事实上，免费模式日益出现了弊端，尤其是主打硬件免费的公司纷纷开始反省。其实，除了数字化的复制不会增加边际成本之外，很多硬性的成本是不可能凭空消失的，必然需要有人来用金钱货币买单。

而共享经济绝非完全意义上的免费经济。只是，共享经济通过大规模的网络匹配，将闲置的所有权进行碎片式的开发利用。这样的商业运作模式因有效节省供求双方的总体成本，从而可以大幅削减以金钱形式出现的货币支付。但大幅减少绝不等同于零，人们在享受共享经济的时候，还是需要支付一定的金钱货币的。

新货币的社交属性

总体而言，共享经济的新货币是时间、隐私和钱币三种形式的组合。相对于高时间成本、高钱币成本和零隐私成本（几乎为零）的传统经济模式，在共享经济模式下，则是低时间成本、低钱币成本和高隐私成本。

有意思的是，如果把共享经济的新货币三者合而为一来看，会发现一个非常有趣的现象。

我们不妨设问一下，在现实生活中，我们愿意向陌生人同时支付这三种货币是一种什么情形呢？

显然，通常只有在追求爱情的时候，我们才愿意为一个陌生人花时间、分享隐私，并在对方身上花钱。

爱情可以说是情感成分最浓烈的一种社交，我们以支付隐私为主要代价的共享经济也可以说是一种浓烈的社交经济。

或者我们也可以说，共享经济的本质就是一个追逐"爱情"的过程，是一种爱的经济，是追求、分享以及共同创造爱的经济。当然，这种爱不是指两个人之间的私密爱情，而是扩延至陌生人之间相互信任，并产生商业协作的"大爱"。这可能是推动社会进步，改变人类交往模式的一种全新动力。

在这个意义上来说，共享经济的新货币实质就是一种带有情感意蕴的、具有社交属性的货币。

第 14 章　独享陷阱：共享经济的路径性误区

几乎没有人会质疑滴滴作为共享经济（分享经济）旗帜性企业的地位，但事实上，滴滴和优步一样，正是"打着红旗反红旗"的典型，其商业模式几乎完全背离了"共享经济"的本质内涵，由此也让其整体运营日益陷入"以补贴换市场→以融资托补贴→以补贴换市场"的恶性循环之中而难以自拔。

滴滴和优步一直是资本市场炙手可热的宠儿。滴滴最后完成的一轮 45 亿美元的股权融资，新的投资方包括苹果、中国人寿及蚂蚁金服等。此外，招商银行还将为滴滴牵头安排达 25 亿美元的银团贷款。而优步也获得了来自沙特公共投资基金的 35 亿美元投资。但如果这两家公司不能快速扭转商业模式的路径性错误，他们的前景并不容乐观。

一个简单的数学模式

我们可以借助于一个有趣的数学模型来加以分析。这个数学模型很简单，常见于中小学数学课本上，有时甚至被讥讽为"没事找抽型"（如图

14-1 所示）。

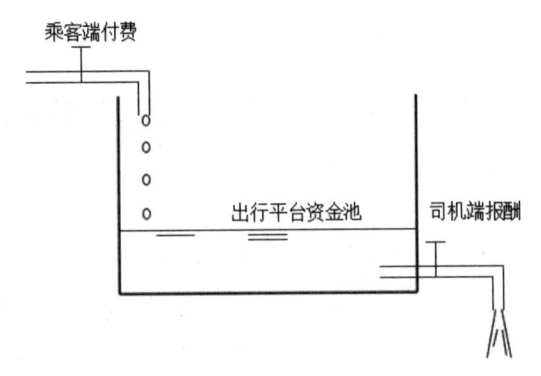

图 14-1 进出水数学模型

一个水箱，同时打开进水管和出水管，进水管和出水管设定的流量不同，试问水箱里的水何时放光或何时放满。

如果将水箱里的水比拟为滴滴（或优步）的资金流，进水管比拟为乘客端（用户端）为出行支付的费用，出水口比拟为滴滴作为平台支付给司机端的报酬，那么，这个数学模型就能够直观地帮助我们理解滴滴的运营模式及其弊端。

滴滴以打车起家，一开始就是靠补贴完成了市场启蒙。这个市场启蒙既包括对司机端的启蒙，也包括对乘客端的启蒙。这两个针对不同对象的启蒙方向是不同的。为了吸引司机加入平台，必须通过补贴的形式倍增司机端收入，所以出水口的流量是很大的。而为了吸引乘客使用，通过补贴的形式减少乘客的付费，甚至是免费，所以进水口的流量是很小的。正如图 14-1 所示，这就需要出行平台具备丰厚的储备资金（储水量）。滴滴作为初创平台，自身的资金是很有限的，为了维持自身的储水量，只能不断借助风险资本的投入，否则就会因缺水而导致整个资金链断裂（如图 14-2 所示）。

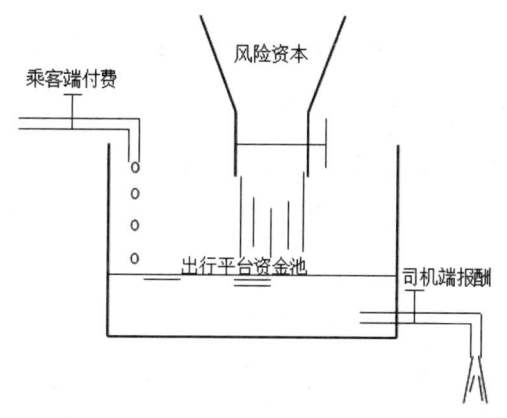

图 14-2 滴滴维持自身的储水量只能不断借助风险资本的投入

由图 14-1 和图 14-2 可以很形象地看出滴滴模式的弊端之所在，即现有的资金结构及流量均无法支撑起商业模式的持续运营。无论是乘客端还是司机端，都是高度补贴依赖的。滴滴的启蒙模式为这两端锚定了基本预期。一旦补贴减少或停止，就会出现负向的恶性循环。司机端会因为收入减少而不愿意接单，这就会导致供给减少，乘客不得不等待更长的时间以及付出更高的费用，才能满足自己的出行需求，这就影响到乘客端乘用的体验感，从而将乘客推离平台。同时，乘客端因为费用提高而不愿继续使用平台，这就导致需求转移（对某一特定平台来说就是需求减少），导致司机无法接到更多的订单，从而将司机推离平台。

可见，滴滴的平台向心力就是源自补贴。一旦补贴减少或停止，平台向心力立即恶变为平台离心力。

也许很多人会为滴滴用补贴拉动市场的做法辩解，非如此不足以在短时间内将网约车的市场做到如此之大。根据滴滴最新公布的数据，平台已经拥有了3亿注册用户、1 500万司机以及每天超过1 000万的订单。但是，交易规模越大，对补贴的需求就越大，平台的崩坍风险也就越大。

滴滴其实也不是没看到危险，但是，先是为了启动市场，不得已采用补贴，此后又为了与快的抢占市场而继续更为疯狂的烧钱大战。此后，滴滴与快的合并，眼看可以从补贴依赖中解套，可是国际巨头优步入华，又牵引滴滴进入了快车/专车的网约市场，直接展开了新一轮的补贴博弈。这对难兄难弟谁也不敢轻易停止补贴，以免坐失已经抢到手的市场份额。可是，如果不摆脱补贴的魔爪，最终还是死路一条。坐吃山空，再雄厚的风险资本在中国这个庞大出行市场也经不起持续烧钱。

第 14 章
独享陷阱：共享经济的路径性误区

到底什么是共享经济

那么，是不是除了补贴就没有构建平台向心力了呢？是不是就没有办法摆脱补贴的魔爪了呢？

实际上，造成滴滴（以及优步中国）今日困境的，正是因为他们对于共享经济的不甚理解以及严重背离。如果厘清了共享经济的本质内涵，或许可以为滴滴找到一条正确的脱困路径。所以，我们首先要搞清楚到底什么是共享经济。

关于"共享经济"的定义有很多个，侧重点不一，但核心不变的就是基于"闲置资源"的开发利用。

从这个本质内涵来看，滴滴从一开始就不是共享经济。滴滴最初的业务是解决打的的难题。可是，出租车始终不是闲置资源，始终都是稀缺资源。滴滴确实让一部分人方便快捷地打到了出租车，但这只是针对出租车存量资源的一种新配置，而且是以另一部分人（不使用智能手机或不会使用打车软件的人）更难打到车为代价的。在当时，对于乘客来说，滴滴能够帮助他们便捷地打到出租车就是极好的体验了，就能产生足够大的平台吸引力了。但滴滴在给予便捷的同时，还给予了（极大的）便宜（比如，滴滴为了对付优步，在刚推出快车服务的 2015 年 5 月 25 日至 6 月 7 日推出了全民免费坐快车的活动）。这虽然在短期内极大地提升了平台吸引力，却在乘客的心智中制造了过度合理化效应，即将低廉（甚至是免费）和便捷这两项指标同时当成了滴滴平台的服务标配,从而在长期制造出了今日无法摆脱的补贴阴影。

滴滴的快车／专车业务利用私家车资源来增加出行市场的供给,确实可以做成共享经济的范本,但滴滴的做法却是背道而驰的。

共享经济立足于将分布式的社会化闲置资源通过互联网平台的匹配精算,以最小的成本对接供需双方,从而实现个性化的规模经济。换言之,共享经济是有可能同时节省个体成本和社会总成本的。但要实现这一点,关键在于供给端(即司机端)的"服务的专业化"和"身份的非职业化"。

服务的专业化不言自明,而滴滴(以及优步)最严重的失误就是背离了"身份的非职业化"。

从滴滴对于司机端激励机制的设定来看,滴滴正在不遗余力地将供给端推向"职业化"。

比如,2015年3月2日滴滴推出的奖励政策为:司机每天完成18单及以上,奖励88元;28单及以上,奖励188元;38单及以上,奖励288元;48单及以上,奖励388元。这一激励措施明显是利用不断升高的累积奖励标准,鼓励司机全天全职工作。

优步也有类似的奖励政策。为了确保乘客端的低价拉动,每一单的收费不会很高,司机端要想拿到丰厚的收入回报,就必须完成平台公司设定的每日单数或业务流水量。在滴滴招募专车司机的广告中，着重标明"轻松成为万元月薪族"。但是，司机们要想拿到高收入，并不容易，这意味着每天超长时间的工作。司机们的身份事实上已经从业余选手变成了职业选手。

更为甚者，2016年4月18日，滴滴推出"伙伴创业计划"，首批面向北京、广州、深圳、武汉和成都招募10万车主。符合条件的车主缴纳最高2万元保障金，即可从滴滴合作的汽车厂商领取一辆新车，成为滴滴车主拉活。另外，优步曾经的丰厚补贴让一部分尝到甜头的司机做出了更加不可思议的举动。比如，南京开通优步后，有接近800人从杭州专程赶到南京当优步的专职司机，甚至有人还为此在南京买了一辆新车。这等于是进一步将司机端推向了"职业化"。

显然，这根本不是共享经济，而是严重背离了共享经济的"独享陷阱"！

独享陷阱的路径性误区

基于共享经济的司机，是在不额外增加自己的时间付出的前提下，将车子运行中的"闲置座位"分享给需求契合的乘客。但是，滴滴的激励指挥棒却导引着司机将几乎所有的时间投入到拉客的事业中。这等于是独享独占了司机的工作时间。

在共享经济下，司机赚取的钱是"补偿性收入"。司机对此并不抱过高的期望，只要这部分收入能够适当弥补自己养车用车的成本就非常满足了。这种状态下的司机身份是业余司机，分享之外的时间，业余司机依然有自己其他丰富多彩的工作与生活。当然，提高这些业余司机的服务专业化的水平，也是平台必须加以考虑的。

而在独享经济（即全职经济）下，司机赚取的是支柱性收入，司机必然抱有较高的预期，而且如前所述，为了挣更多的钱不惜投入。但是，滴滴等平台所能支付的高报酬，是依靠巨额补贴维系的。一旦补贴取消或下降，司机的收益衡量就会严重失衡。

一方面，司机将所有的可工作时间都投入出行平台后，就失去了利用这些时间从事其他工作获得报酬的机会。这是不得不考虑的机会成本。

另一方面，司机身份的职业化并没有给他们带来真正职业化的劳动保障。其他的全职性工作，会提供五险一金等社会保障。而滴滴平台却不会提供此类保障。同时，车子本身的折旧、损耗以及油耗等，也不在滴滴的保障范畴。

当补贴下降，司机的收入也随之下降后，司机就会觉得不划算。这也会造成至少两种后果：一是司机通过罢工等激励手段抗议。这在多地都已经出现过；二是产生巨大的平台离心力，导致司机不再为平台效力。

从滴滴和优步现有的规模来看，继续搞补贴模式，随时会有崩盘的危险。那么，有没有办法摆脱"独享陷阱"的恶性循环，而进入真正的共享经济的良性轨道呢？

好消息是，巨额补贴之后，乘客的网约车消费习惯已经形成，这就会有惯性红利。在形成使用惯性后，乘客对价格的敏感度弱于便捷的敏感度。如果出行费用提高，但只要不高于此前的出租车价格，同时便捷性依然强大，乘客还是会使用滴滴平台的。但如果打车的便捷度大大下降，需要长时间的等待，就会造成极大的平台离心力。

所以，滴滴是有可能利用乘客的惯性红利，换轨转向真正的共享经济。要想做到这一点，就必须保证司机端的充分供给。要做到这一点，决不能仅仅依靠对收入有着高预期的全职司机，而应该鼓励更大规模的业余司机加入。

事实上，号称志在打造涵盖出租车、快车、专车、顺风车、代驾、试驾、巴士等多项业务的综合出行平台的滴滴，只有顺风车这一项是真正符合"共享经济"的。

2016年春运期间，顺风车成功地帮助190万人实现了跨城出行。这一活动之所以成功，主要原因在需求在这特定的时间段非常集中，地点的匹配一致性也非常高。而在平常的同城出行中，匹配的难度要大很多。除非供需两端的规模更大，才有可能实现精准的分布式匹配。

滴滴自我宣传中的云调度引擎以及连环拼的无缝订单,其现实的体验还远远不够好,与所谓的无缝对接相差甚远。往往会出现第一位乘客上车后,又接到第二位乘客的拼车订单,然后司机调头去接的情况。这会给司机和乘客都带来额外的时间、精力、油耗等方面的成本,也必然导致体验的恶化。

真正的共享模式

真正的共享式出行的理想模型应该如图 14-3 所示。

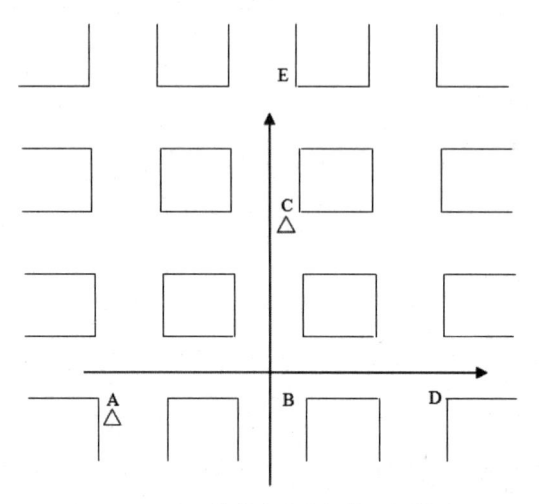

图 14-3 真正的共享式出行的理想模型

第 14 章
独享陷阱：共享经济的路径性误区

假设有一位乘客，想从 A 地前往 C 地。此时有甲车正常经 A 地驶往 D 地，有乙车正常经 B 地驶往 E 地。乘客在 A 地通过出行平台搭乘甲车抵达 B 地，然后下车，甲车继续驶往原本的目的地 D。乘客再搭乘乙车，至 C 地下车，乙车继续驶往原本的目的地 E。

在这个理想化的模型中，甲乙两车都是正常行程，没有额外付出时间与劳动，只是在平台的匹配调度下，通过车辆接驳，乘客换乘，顺路将乘客从 A 地送至 C 地。甲乙两车没有因为运载乘客而增加额外成本（或者只增加了微不足道的成本），自然不会过分计较报酬。而乘客也得以相对于其他方式（比如打出租车）更少的费用达到目的。平台也可通过适当比例（滴滴现有的 20% 的提成率太高了）的提成而获益（如图 14-4 所示）。

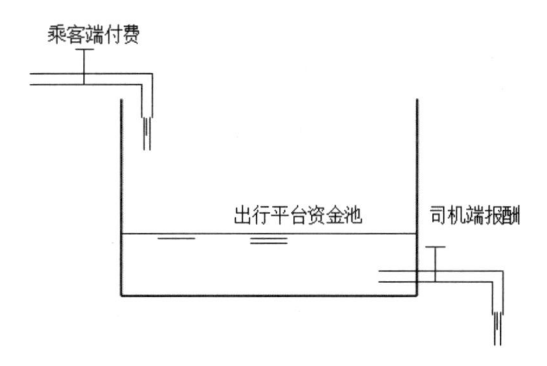

图 14-4 适当比例的提成模型

当然，这一模型能够良性运营的前提在于可供匹配的两端资源的极大丰富以及平台算法的精益求精。至于如何继续扩大两端的规模，基于滴滴现有的规模和惯性红利，是大有文章可做的。

总之，在滴滴现有的占主流的快车/专车模式下，司机端非共享的额外成本太高了。这是整个模式的弊端要害。不解决这个痼疾，就只能继续在独享陷阱中沉沦，就不能回归到真正的共享经济，出行平台也就不可能真正拥有可持续的未来。

这一担忧并非空穴来风。

继汽车共享之后的一个新的热点就是共享单车。以摩拜单车、ofo等为首的共享单车项目再一次获得了风投的热烈追捧。数以10亿计的投资疯狂地投入到了一个显然无法达至能耗平衡的商业模式中去。

其实，只要略加套用上述分析，就可以清晰地看到，所谓的共享单车绝非共享经济。

真正的共享经济是因为共享才经济。而摩拜单车、ofo均通过自行制造或采购定制而拥有旗下单车的所有权。显而易见的是，这再一次踏入了独享陷阱。独享必然是不经济的，这和传统的运营模式并无区别。所谓的

"共享单车"，无论风投如何疯投，其盈利前景都将是一片灰暗。当然，最初的投资人非但不会吃亏，反而会翻倍赚钱。只是苦了后来的接盘者，以及被视为资本猎物的创业者。

第 15 章　场景跨越：商业场所的革命性变迁

一个时代的颠覆性往往体现在语言的推陈出新上。在互联网商业的大潮涌动中，"场景"这个词旧貌换新颜，一下子成了人们的新宠，并被冠以"革命""思维""营销"等后缀频频出镜。

场景与场所的一字之差

但是，很多人口中念念有词的"场景"，其实不过是"场所"而已。

此前，我们经常说"购物场所""娱乐场所""休闲场所"，这些场所自然是种种消费活动（产品或服务）的发生之地。但如果就此用"场景"一词简单替换掉"场所"一词，并兴高采烈地认为完成了商业的跨越性更替，那就失之天真了。

"场所"和"场景"，一字之差，但内涵与本质却截然不同。

场所作为一种工具性存在，体现的纯粹是实用价值。

场景作为移动互联网大背景下的全新概念，在"娱乐至死"的互联网精神加持下，则应是一种玩具性存在，在实用价值之外还具备情感价值。

由此，我们可以将场景定义为生发故事、激发情绪的场所。

从这个定义出发，我们就能有效区分场所和场景的不同之处，也能发现在传统的商业语境下并非只有场所，还有一些成功地将场所转化为场景的商业运作。

日本一家叫作SCRAP的公司就将东京各地铁站从乘车场所转变成了游戏场景。东京地铁系统拥有13条线路，285个车站，线路总长304公里，堪称全球最为复杂和最为繁忙的地下交通系统。SCRAP设计了一个大型实景解谜活动，活动场所就是东京地铁线路上一些比较有特点的站点，诸如东京大学、商业中心银座、政治中心永田町等，谜题的设计也和这些站点的特点、历史、传统等相关。这项活动吸引了成千上万的东京市民热情参与，SCRAP也很快卖出了2万多套售价2 160日元（约合人民币120元）的解谜套装（谜题及解谜指引都在这个套装中）。

这项活动在将地铁站这个静态的场所转变为动态的场景的同时，也为SCRAP公司和东京地铁公司带来了盈利。而且，SCRAP公司特别将东京地铁公司旗下的小商铺Echika设为解谜某个环节中藏答案的地点，从而极大地提高了这家连锁店的公众知晓率。

从这个案例可以看出，场所几乎是没有什么体验感的，东京地铁站人头攒动，拥挤不堪，乘车者们步履匆匆，毫不停留，整体的体验感是很差的。

但是在上述解谜活动中，参与活动的人却兴致勃勃地在拥挤的场景中长时间停留，分析研判、试探寻找谜题的答案。显然，这个过程的体验是兴奋的、愉悦的。

场所一般是冰冷的，而场景必须是温暖的。

换言之，场景是特别注重体验感的，但体验不等于体验感，两者之间的关系应该是：

体验感 = 体验 + 想象空间

更深刻地说，体验本身也并不那么重要，真正重要的是基于某个场景的想象空间，这也符合人类大脑的认知机制。

想象空间的价值

我们再来看一个与场景营销和体验感有关的经典案例。

2008年全球金融危机对澳大利亚昆士兰的旅游业造成了极大冲击。澳大利亚昆士兰旅游局为了挽回颓势，精心策划了一次"全球最佳工作"的招募活动。世界各地的应聘者可以通过在网上提交视频来申请成为大堡礁护岛人的工作机会。

护岛人每日的主要工作是探索大堡礁各个岛屿，每周通过更新博客和网上相册、上传视频、接受媒体采访等方式，向外界报告自己的探奇历程。

此外，护岛人需要喂海龟、观鲸鱼、担任兼职邮差，还有帆船航行、独木舟、潜水、远足等多项活动。更激动人心的是，主办方还给护岛人提供一套拥有"无敌海景"的别墅居住，别墅配备应有尽有，甚至还有机会乘坐水上飞机从高空俯瞰大堡礁美景，另有一辆小高尔夫球车做岛上巡视之用。

这份工作为期半年，最终入选的幸运儿不但可以每日与白沙、碧水、艳阳为伴，还能享受半年15万澳元（约合10.4万美元）的高薪。

这个消息一出来，全世界爱好旅游的人立即蜂拥而至。这些参与者并没有实际体验到大堡礁的美景，但活动却给出了巨大的想象空间。

正是在丰富而又各不相同的想象驱动下，高达3.5万人向昆士兰旅游局的官网递交了申请视频，而这一活动也在人们的竞逐中不翼而飞，媒体传播、口头传播以及互联网传播形成了最猛烈的交叉火力，让几千万人的目光都投注于此。

当带着人们个性化想象的故事在不断传播时，大堡礁与全球的受众形成了紧密的情感连接，大堡礁也从一个冰冷的场所变成了热闹的场景。最终，大堡礁的知名度直线上扬，成功克服了金融危机的影响，成为当年最热门的旅游选择。

场景的定义

上述两个案例让我们基本厘清了场景的特质与内涵。那么，回到互联网商业的大背景下，我们仍有必要对场景给出更精确的定义。

场景是时、空、人、物这四种资源要素与互联网应用的程式化组合。

在场所状态下，场所只是时、空、人、物中的孤零零的"空"（空间），与另外三者并无紧密的连接。

在场景状态下，时、空、人、物之间通过移动互联网以及各项基础设施（智能手机、传感器、云技术、大数据等）发生了紧密的连接，从而形成了超爽的体验感，并推动自动自发的分享式广泛传播。

美国犹他州的维尔度假村是一个滑雪胜地。

按照一般游客的心理，他们总是想在皑皑白雪的美景中留下自己的靓照，然后在社交媒体上的朋友圈中炫耀。但是在滑雪或游览的过程中，并不能随时随地、随心所欲地分享自己的动态进程。

维尔度假村在 2010 年推出的 EpicMix 互动体验活动，就是一场完美的"场景革命"。每位游客的滑雪缆车通行证上都嵌入了 RFID 芯片，会自动捕捉游客在山上的各种体验，并将其数据化，其中包括跟踪下滑的距离、获取的徽章奖励等，同时还提供了在 Facebook、Twitter 以及智能手机上分享的可能。

这其中还有一个竞赛模块，游客可以将自己自动上传的滑雪数据来与好友、家人、其他游客，甚至是与奥运会滑雪金牌得主林赛·沃恩展开比拼。游客不但可以查看自己的比赛时间、赢得的奖牌和徽章，还能获得林赛·沃恩传授的滑雪技巧。

主人与客人

在"场所"中，消费者是客人，而在"场景"中，消费者反客为主，成了主人。

人们对于创造自己的故事，并无远弗届地传播自己作为故事主角的体验热情是不言而喻的。当然，这必须要建立在移动互联网零秒滞后的技术基础上。

维尔度假村的主人们，在社交媒体中发布了 1.8 亿个关于 EpicMix 互动体验活动的评价，这也许是维尔度假村花多少钱都办不到的事情。

这就是场景远超场所的巨大威力。

不过，需要着重提醒的是，消费者对于场景体验的要求是永无止境的，

第 15 章
场景跨越：商业场所的革命性变迁

任何一劳永逸的想法都只能是奢望。

硅谷曾经有一家非常有名的公司叫 FourSquare，这是一个基于地理位置签到的商业应用。FourSquare 的用户凡到一个商业场所（比如咖啡馆、酒吧、电影院、餐馆等）都可以登录签到。在某个场所签到最多次数的人，就拥有了这个地点的"市长"头衔。显然，这是极富场景感的应用，也符合互联网娱乐至上带来的玩具思维原动力，一经推出就很快拥有了几千万用户。

但时隔不久，这家公司就衰落了。原因在于，虽然体验没变，但想象空间没有了，从而导致用户体验感不再美好。

可见，仅仅是产品签到这种场景体验感并不能让用户保持浸入式的体验感以及长久的黏性。

要成为场景设计师

真正值得学习的场景设计师是优步。

优步层出不穷的场景创意助推其在基本不做广告的前提下火遍全球。最近，优步通过在打车过程中植入司机与乘客、乘客与乘客对暗号的游戏环节，让出租车再次成了一个充满想象力与动感活力的场景。比如，乘客的暗号是"拿牛奶"，而司机的暗号是"牛奶奶"或"刘奶奶"。"牛奶奶""拿牛奶"匹配成功，乘客就算是对上了暗号，从而可以得到优惠码，在打车中直接减免费用。与此同时，得了好处的乘客自然还会将自己的故事传播出去，让更多的人知晓和参与。

总之，场景之道贵在商家的不断推陈出新，强化消费者的体验感，也贵在让消费者基于移动互联网的力量而成为真正的主人。

场景与上帝

自商业繁盛以来，全球数以亿万计的消费者都心怀一个美好梦想。

这就是顾客的上帝梦。成千上万的商家喋喋不休地重复着"顾客就是上帝"的论调，却几乎没有哪一家能够尽善尽美地做到让"顾客上帝"真正满意。"顾客上帝论"尽管徒有虚名，但几乎每一个消费者却很不愿意从这个美好的想象中脱身而出，时不时地以"上帝"的身份，对于不甚尽责的商家发出愤怒而无奈的抨击。

这种悖论式的商业现象早已是商业丛林中的常态。一方面，这是受限于商家的供给能力；另一方面，消费者的需求和欲望也是没有止境的。

从本质而言，顾客需要的是一种"极致的体验感"。拥有这种"极致的体验感"的顾客，就可以视为上帝了。

所谓"极致的体验感"，就是随时随地、即时即刻提供与消费者需求完美匹配的产品或服务，没有任何的时间滞延、空间隔离以及流程阻力。

本书第 3 章中曾写道："未来的产品必须具备与用户的每一使用时刻不同的情感状态相呼应的调适性，才有望立足并赢得未来。换言之，未来的产品必须具备与用户共情的能力。"

这段话，也可以视为对"极致的体验感"的另一种诠释。

无论是哪一种诠释，事实上，除了全知全能的上帝，没有人能够真正满足消费者这些形形色色、不断进化的需求。这种"极致的体验感"，也许只是我们一厢情愿的美好想象。

但是，当移动互联网以翻天覆地的力量，掀起了指尖上的场景革命后，让上帝为顾客服务已经不再是梦，而是正在发生的现实！

智能手机、App、大数据、云计算、可穿戴设备这些移动互联网的基本技术要素正以前所未有的默契感与想象力，制造各行各业的产品之神！

场景的革命性案例

不妨来看几个"惊心动魄"的场景案例。

从我们的日常经验来看，驾车发生交通事故之后，将会迎来一场耗神大战。我们无法精确报告自己的当前位置，从而会延误医疗救援以及道路救援。我们也没有办法及时向保险公司报告出险状况，只能坐等勘察人员赶到现场，随后则是一个漫长而艰苦的理赔流程。

法国的安盟保险公司（Groupama）却用一款App，让自己变成了上帝。这个App向客户提供了一键式服务直接引导客户联系对口的部门。发生交通事故之后，安盟保险的App从手机的GPS模块获取位置信息，确定客户在什么地点发出服务需求呼叫，为实施医疗或道路救援创造便利条件。同时，客户在现场就可以用智能手机拍摄车辆受损情况，将图片传送给经纪人，从而大幅缩短完成索赔流程的时间。在报险时，除了首次应用App的顾客，需要提供保单号码等基本信息，此后App就自动保存了相关信息而无需客户重复提供了。这款App创造出了前所未有的极致体验，吸引客户纷纷下载，19个月内，下载量就达到了2.4万次。

赌城拉斯维加斯的MGM's Bellagio酒店通过安装的思科无线网络，当某位顾客在餐饮区停留10分钟，就会向酒店的市场营销软件上传这一信息。市场营销软件根据这位顾客的预订酒店信息了解到他正在同家人一起旅行。软件还根据他以前停留的地点可以了解到他的饮食偏好，然后市场营销系统通过酒店的App向他发送消息，内容为："你好，在当前的餐厅吃面条，如果要四人一张的桌子，要等1小时。但在Café' Bellagio餐厅就餐，只需要等15分钟。你想订位子吗？"

亚马逊公司在平板设备Kindle Fire HDX上配备了一个"电子"按键，用户按下这个按键，可联系亚马逊专家提供一项被称为"Mayday"的支持服务。亚马逊专家可远程和用户一起操控平板设备，介绍设备的各项功能。客户可看见亚马逊专家在设备屏幕上画图，一步一步带领客户完成操作，或为客户完成操作。亚马逊公司一年365天，每周7天24小时免费提供Mayday服务。在Mayday提供客服过程中，用户在屏幕上能够真切地看到亚马逊技术顾问的一举一动，但顾问们看不到用户。亚马逊要求客服人员对服务请求作出响应的时间不超过15秒。后来，这一响应时间竟然被缩短到了9秒钟！

乐购公司在应用电子货架标签之前，需要手工更换的纸质标签数量在500万到1 000万之间，既耗时又不能为顾客或商家增值。电子货架标签具备的价格更改的敏捷性为乐购公司运营带来莫大的便利，对存货变动情况和竞争对手定价变化作出快速反应，以价格为武器进行短期促销。这一切在纸质价签时代是不可想象的。比如，乐购订购了大量的草莓，但在某个门店或某一地区，喜欢草莓的顾客不多，草莓滞销了。草莓保存时间短，如果不能尽快卖出去，草莓会烂掉。连锁店管理人员可以决定在这个门店或几个门店降价销售草莓，优惠时间限定在6小时以内。其他门店的草莓价格保持不变。顾客在门店的显示板或App上能看到草莓降价促销信息，收银台也实时按草莓新的价格收款。这种敏捷性定价策略使得商家拥有了近乎实时的弹性定价能力，足以让顾客从平淡无奇的降价感受中走出来，享受到基于场景信息量身订制的价格优惠。

华盛顿医疗中心（WHC）则通过指尖上的场景能够革命性地将世界一

流水平的医疗服务外延到应急医疗车辆上。WHC 和 AT&T 合作开发了一款叫作 CodeHeart 的 App。当应急医疗车到达抢救现场后，抢救人员发起实时的音频和视频对话，同医疗中心的心脏病科的医师远程共享患者的病情和心电图信息。CodeHeart 为患者提供了医疗服务领域的极致体验。WHC 能够提前做好患者救治的准备工作：派遣医师到达现场，就地处置不宜运送的患者；在患者到达医疗中心后，急诊室立即开展针对性的救治，调配医师优先抢救病情危重者。

这几个案例足以让我们一斑窥豹，看到了产品神化之后的超级震撼感。

这仅仅只是场景革命的开始。未来，无论客户在哪里，处于什么样的状态，基于场景的移动化商业模式都能够触及顾客、黏附顾客，为他们提供量身定做的完美服务。这项在我们的想象中，只有上帝本人才能得心应手加以实现的艰巨任务，如今竟已飞入寻常百姓家，并日益成为商业世界的新常态。

德国哲学家尼采说："上帝已死。"而基于移动互联网的场景革命却说："上帝重临人间。"

在这个全新的商业时代，唯有上帝才能让"上帝们"满意。所有的产品或服务，只有经由场景再造，成为上帝的化身，才能让消费者的"上帝梦"成真，才能为他们提供随时随地、即时即刻、完美匹配的极致体验感。

从虚无缥缈的"为顾客上帝服务",到扎扎实实的"让上帝为顾客服务",这不仅就是正在发生的场景革命,也是正在发生的商业未来!

第 16 章　大数据管理：破除管理幅度怪圈的秘籍

当互联网的推土机无情地将传统组织的围墙推倒，当大数据的轰炸机优雅地在传统管理学的领地上空掠过，组织模式与管理思维的改变已经不可避免。

难破的管理幅度怪圈

从传统管理学的视角来看，组织管理无论在理论上还是实践中都会遭遇一个技术上的桎梏——管理幅度，即任何一位管理者能够直接管理的下属人数都是有限的。

因为管理幅度的限制，当组织壮大后，就不得不通过授权、分权来组建管理团队，实施间接管理。但这又会带来与信任、效率相关的新问题。

一方面，为了管理效率，领导者不得不放权；另一方面，领导者又要担心权力被滥用。控制与反控制的斗争、相互猜忌带来的内耗、不负责任的推诿等都会极大地削弱组织的竞争力。在两难纠结下，组织的整体状况往往日趋消极。

日本"经营四圣"之一稻盛和夫创立京瓷后，便在企业的快速成长过程中遭遇了"管理幅度怪圈"。稻盛和夫面对困境推出了闻名于世的"阿米巴经营"。这一做法，据说是他从《西游记》里孙悟空的分身术中获得的灵感。

简单地说，"阿米巴经营"就是根据产品、工序、客户或地区的不同，将大组织划分为许多独立经营、独立核算的小团体，从公司内部选拔阿米巴领导委以重任，让其自行制订工作计划。在业绩考核时，不仅考核每个阿米巴的领导者，也考核每个阿米巴中所有成员每小时创造的附加价值，从而有效发挥每一位员工的积极性和创造力，进而实现全员参与经营。

阿米巴经营模式成就了稻盛和夫的一世英名，却并未成为全球范围内企业打破管理幅度怪圈的普适性方案。

在某种程度上，这是因为实施阿米巴经营必须满足的前提条件不易达到。

第一，企业主要领导者必须拥有极强的人格魅力，秉承"追求全体员工物质和精神两方面幸福，并为社会做贡献"的坚定信念，并通过自己的公平无私来感化、感染、感动员工。稻盛和夫本人做到了，但环顾全球，大多数的领导者仍难以胜任。

第二，无论是各个阿米巴还是阿米巴内部的每一位成员，都必须具备为他人考虑的意识以及为企业整体着想的大局观，否则就有可能为了达成目标不择手段，反而造成内耗。显然，做到这一点也不容易。现实中更为常见的情形往往是企业各部门、部门各成员之间为了利益勾心斗角，甚至相互拆台。很多企业做大之后，正因此而无力快速应对外部的竞争与变化，最终轰然倒地。

如今，互联网与大数据技术的发展使我们得以窥见管理幅度怪圈背后的秘密，从而有望打破怪圈，使组织在更为广袤的时空范围内大规模且有效地协调人力资源成为可能。

寻找红气球的 200 万大军

我们不妨先来看一个例子。

2009年，美国国防部高级研究计划署（DARPA）为了纪念互联网诞生40周年，举办了一场"红气球挑战赛"。他们在全美各地布设了10个红气球，能用最短时间找到全部气球坐标的个人或组织，将获得4万美元的高额奖金。这是一项极具挑战性的任务，美国国家地理空间情报局（NGA）的一位高级分析员将之称为"传统的情报收集方法无法解决"的难题。

全美共有4 000多个团队参与了这场角逐。最终，麻省理工学院人类动力实验室主任、可穿戴设备先驱、大数据专家阿莱克斯·彭特兰（Alex Pentland）的团队率先完成了任务。他们仅用了 8 小时 52 分 41 秒就将 10 个红气球的坐标全部标示完毕。

实际上，彭特兰的团队投入角逐十分匆忙，他们在气球被放置前几天才获悉这一消息。更令人咋舌的是，彭特兰在短短数小时内便动态组建了一支成员多达 5 000 人的团队，这 5 000 名队员中的每个人平均通知了 400 名朋友。换言之，总计大约有 200 万人在帮彭特兰团队完成红气球挑战！

那么，彭特兰团队到底是用什么方法调动了 200 万人这样一个规模巨大的群体呢？

显然，传统组织管理方法万万难以驾驭，彭特兰使用的是社会网络激励策略。其具体做法是，不仅奖励正确告知气球地点的人，还奖励那些把找到气球的人成功介绍给团队的人。彭特兰将 4 万美元按 10 个气球平均分为 10 份（每一个气球对应奖励 4 000 美元），并承诺第一个告知气球地点的人可以获得 2 000 美元，而把这个人介绍给团队的人则可获得 500 美元，再前面的一个介绍者可以获得 250 美元，以此类推。

与彭特兰的社会网络激励策略相比，其他团队采取的直接奖励气球发现者的做法显然没那么有效。

第一，直接奖励可能会阻止人们扩散团队的信息，因为任何新加入搜寻的人都是奖金的竞争者；第二，直接奖励的办法将所有居住在美国大陆之外的人排除在外，因为这些人不可能直接找到气球。

正是这两个区别，对彭特兰团队的获胜起到了至关重要的作用。在其团队中，寻获某一只气球的最长人员沟通链达到了 15 人！另外，助推团队信息扩散的推特记录竟然有 1/3 来自美国本土之外。那些不居住在美国大陆的人固然不能直接找到气球，但却完全有可能用各种方式来向美国国内传播团队的信息。

彭特兰的成功揭示了集体智能背后的秘密，为组织管理效率的提升带来了另一种思路。

那么，彭特兰是怎么发现社会网络激励奥秘的呢？

什么在影响集体智能

这里不得不提到彭特兰最为擅长的大数据技术。

在大数据技术出现之前，人们绝无可能对组织内团队成员之间的沟通交流方式和过程（包括语调、身体语言、与谁谈话以及谈话时长等信息）进行实时数据采集。

彭特兰的天才之处在于，他研发出了一种叫作"社会计量标牌"的设备，包括一个位置传感器、一个记录身体语言的加速计、一个确定附近有谁的接近度传感器和一个记录是否有人说话的麦克风（为了避免侵犯隐私，该设备并不记录语音内容或视频）。

彭特兰利用这种社会计量标牌对一些创新团队、医院的术后监护病房、银行的客服团队、后台支持以及呼叫中心团队等开展了研究，由此揭开了这些大数据背后隐藏的组织内部人际交往以及集体智能的奥秘。

研究发现，被普遍认为会影响群体表现的因素（如聚合度、动机和满足感）并不会影响到集体智能。

对于集体智能而言，最重要的因素竟然是话轮转换的平等性。

换言之，通过测量一个团队的互动模式，就能精确地预测这个团队的生产率。话轮转换分布更为均衡的群体，比由少数权威个体主导对话的群体拥有更高的集体智能。传统管理手段中常见的集权模式、控制模式、防范模式，都扼杀了集体智能的潜力及管理的整体有效性。这也是传统"管理幅度怪圈"背后的秘密。

彭特兰正是因为窥破了这一秘密，才得以在"红气球挑战"中充分调动了200万人的集体智能，并将之发挥到极致。

彭特兰将自己的研究成果以古老的"社会物理学"命名，并给予了这个概念以全新的内涵：社会物理学是一门研究想法的交换如何驱动人类行为——人们如何相互合作以发现、选择和学习策略并协调行动的学科。事实上，彭特兰的研究给传统管理学的基本理念与运作模式带来了一次颠覆性的革命。他的成果可以用于提升传统组织的管理效率。

彭特兰曾对一家拥有 3 000 多名员工的呼叫中心进行研究。他的研究小组关注了 4 个 20 人左右的团队，在 6 周的时间里通过社会计量标牌收集了几十 GB 的行为数据。通过分析，他们发现该呼叫中心每次只安排一名员工轮休，员工之间很少交流。之所以制定这一休息模式，是因为管理者觉得呼叫中心的工作没有太多技术含量，无需通过与他人交流进行社会学习，但正是这一模式使呼叫中心效率低下。

彭特兰建议，将单个员工休息改为一组员工休息，以增加员工之间非正式面对面交流的机会。结果，这一简单的改变大大促进了积极经验的社会学习，进而有效减少了平均通话时间这个决定呼叫中心运营成本的关键因素，只此一项便有望为该呼叫中心节省 1 500 万美元的运营成本。

这个案例生动地说明：

让好的想法在组织中自由流动是何等重要；一旦找对症结，让好的想法在组织中自由流动又是何等容易！

基于其研究发现，彭特兰曾在 2012 年 4 月号的《哈佛商业评论》上发表过一篇名为《塑造伟大团队的新科学》的文章。

该文章指出：

要想从使用组织结构图的管理中解放出来，就需要放弃依靠个体才能管理组织的方法，转而通过塑造互动模式来获得更好的集体智能。

在互联网冲击下的众声喧哗中，这一观点也许算得上是革命性的真知灼见，值得所有面临转型的领导者、管理者借鉴参照。

第 17 章　大数据污染：用户画像的准确性质疑

自"大数据"成为热词以来，几乎一夜之间，很多公司就开始标榜自己"具备强大的数据挖掘能力"。但实际上，大数据时代刚刚萌芽，所谓的大数据应用远远没有到达"神乎其神"的程度。

粗疏的数据解读

2016 年 4 月 21 日，亚马逊中国联合新华网开展了"2016 全民阅读调查"，通过覆盖全国 500 多座城市、11 800 多位受访用户的数据调查，并结合多年来对中国市场的深入研究以及读者在线消费行为的分析，发布了一份调查报告。[①]

这份报告的一些结论颇令人奇怪。比如，"70 后"爱读生活和少儿类图书，"80 后"对经管以及孕产育儿类书籍情有独钟。不同年龄段的读者在题材选择上确实会有所不同，但"70 后"中年龄最大的已经 46 岁、最小

---

① 资料来源：http://www.199it.com/archives/465029.html。

的 37 岁，这一头一尾的差别显然不能用"爱读生活和少儿类图书"来统一，而且，"70 后"确实可能买少儿类图书，但未必就是"爱读"。

亚马逊对于数据的解读实在是太过粗疏了，而且也经不起推敲。

导致这一结果的原因可能是调查样本偏差，也可能是数据在采集时就已经被污染。前者是调查方式的问题，如是后者，则与"数据身份归属"密切相关，因为无论是通过亚马逊网站还是 Kindle 采集的信息，都可能无法精准认证。

在当下的互联网技术支撑下，数据采集已经不是什么难题，但针对任何数据的分析、评估、研判乃至具体的应用，首先就要明确数据的身份归属。也就是说，某一组数据到底是由哪一个具体的鲜活个体产生的。如果数据不是由某个确定的单一个体产生的，显然就无法依据这种被污染了的数据来做出正确的分析、合理的判断。

这个问题看似简单，但在现实场景中却存在着至少数据身份错位及数据身份共享两类数据身份归属不明的情形。

数据身份错位

基于互联网技术的商业应用，往往需要用户在使用之前进行注册。比如，使用优步、滴滴打车这样的 App，用户必须将自己的一些身份信息填

第17章
大数据污染：用户画像的准确性质疑

写上传，才能正常使用。而优步、滴滴的后台则根据这些身份信息，来做对应身份的数据分析与挖掘。但是，因为互联网新技术存在着学习门槛，并不是所有有意成为用户的人都能轻松克服学习阻抗的，只能请求他人帮助或代劳。

有一次，我自己在使用优步叫车的时候，从手机端看到的信息是一位年轻的女司机，但随后的电话沟通却表明是一位年长的男性。等上了车做了一些了解后，才知道这是女儿为了让退休在家的父亲有事可做而注册了优步司机账号，但她是用自己的身份而不是父亲的身份注册的。这就造成了数据身份错位。如果优步以此账号来认证这一数据身份的行为，就可能出现偏差。

在极端的情形下，甚至会发生以下的状况：当这位女士作为乘客享用优步服务的同时，她（实际上是她的父亲，但后台系统却无法自动识别）同时又作为司机在为别的乘客提供优步服务。

这虽然只是我的个人经历，但类似的情形却绝非罕见。

据报道，北京有一名司机从网上搜索出一辆他人的白色别克车信息，利用这辆车的相关信息和自己本人的驾驶证信息及手机号，注册成为一名滴滴专车司机，并开始接单。这位司机后来因为强奸女乘客而被判刑。这是车辆信息失真导致数据污染的情形。

类似地，广东番禺也有一名司机利用岳父的身份信息注册了滴滴司机账号。这名司机后来因为强奸女乘客而被判刑。

举这几个例子，不是要强化数据污染、信息失真的用户与犯罪之间的必然联系，但是从心理学的角度来看，信息失真带来的某种程度的"匿名效应"确实使得相关人员更有可能抱有侥幸心理而逾越道德或法律的约束。

此外，还有一种是"合理帮助"导致的数据污染。

施以援手者尽管也是以被帮助者本人的身份信息注册的，但还是有可能夹杂了部分自己的信息。

2015年"双十二"时，支付宝为了增加用户，与线下3万家超市便利店合作，凡使用支付宝支付的全线五折、50元封顶。这一优惠力度对那些高度价格敏感者（大妈、大伯们）的诱惑力不言而喻。但他们大多从来没有使用过支付宝。于是，在活动现场就出现了超市或便利店的收银员帮助他们下载、安装、注册支付宝App而排长队的场景。为了尽快完成，收银员们并不会完全按照大伯、大妈的真实身份信息注册，而是潦草完成，能略则略，或是直接将某个默认的选择用之于所有人。

这样的数据身份显然是有瑕疵的。

数据身份共享

为了方便女儿玩手机，浙江义乌一位经商的赵先生把12岁女儿乐乐的指纹也加入了手机开锁密码。不料，乐乐在父亲手机里的一款社交K歌

第 17 章
大数据污染：用户画像的准确性质疑

App 上听歌时，竟然在 3 天内打赏出去 16 万元人民币。对于这款 App 来说，如果开展后台数据统计分析，一定会将打赏行为视为赵先生本人所为，却不知道这是她年幼的女儿共享了赵先生的数据身份所致。

再以我的好朋友李先生的经历为例。

李先生的孩子有段时间在一个培训机构补课，中午需要自行解决午餐。于是，用李先生的身份信息资料以及信用卡注册的支付宝就成了他的孩子的支付工具。孩子除了支付中午的外卖之外，也会用支付宝在淘宝上购买一些她所喜欢的小东西。但是，如果最终淘宝或支付宝的统计数据将一个小孩子的购物行为归结到一个大男人的身上，岂不是张冠李戴？

中国人的个人边界意识较之于西方人是十分淡薄的。在各种亲密关系中，这类数据身份共享是一种常态。诸如丈夫请妻子用她的淘宝账号购物，员工用自己的私人账号为公家采购都是符合中国国情的。

但数据身份的共享却为后续的大数据处理带来了极大的麻烦，这是另一类型的大数据污染。

用户画像的失真

大数据的应用显然是向着精准预测的方向演进的。

互联网商业的下半场
打造以人性为圆心、以科技为半径的商业模式

据说，电商巨头亚马逊已经申请了预测式发货的新专利。亚马逊会根据某个用户之前的订单、商品搜索记录、愿望清单、购物车甚至包括用户的鼠标在某件商品上悬停的时间等数据，预测用户的购物习惯，从而在他实际下单前便将包裹发出。

显然，亚马逊的这一大数据应用是建立在历史数据的高纯净度的前提之下的，基于这些高纯净数据来给用户画像。如果因为数据身份错位或共享而导致大数据污染，所谓的"用户画像"就是失真的，也就不可能成为数据分析与预测决策的依据。

用"一颗老鼠屎坏了一锅粥"这样一句俗话，能够特别形象地表明大数据污染与大数据应用之间的关系。

在当下互联网创业大干快上的大环境下，创业公司为了尽快地跑马圈地抢地盘，往往是萝卜快了不洗泥，很少有意识或有精力来顾及数据纯净度的问题。甚至有些创业公司，为了拿出过得去的数据，主动造假。但这样做，势必为未来的精准服务埋下重大隐患，其所积存的历史数据很有可能因为污染严重而失去了基本效用。

互联网技术与大数据应用无疑是大势所趋，未来的商业必然是向着极度精准化的方向演进的。但高楼万丈平地起，如果从一开始就无法提供高纯净度的数据基础，任何美好设想都将是无本之木、无源之水。

第 17 章
大数据污染：用户画像的准确性质疑

所以，我们必须重视杜绝大数据污染以及用户画像的真实度，这就要求我们必须把好"数据身份认证关"，这才是大数据应用之基。

做不好这项基础工作的互联网公司，就不要急着奢谈"强大的数据挖掘能力"了，而消费者们也要保持足够的清醒，不要盲目相信那些神乎其神的"大数据奇迹"。

第18章　重新定义广告：受众注意力的时间竞赛

广告这一伴随现代商业起源而兴起的传播模式，无论是形式和内涵在移动互联网的地毯式覆盖下已经发生了重大而深刻的变化，而且这一变化还在持续演变之中。所以，我们有必要来重新审视广告这一古老且历久弥新的商业发明。

广告发展的三个阶段

粗略地说，广告从诞生至今可以大致分为广告即信息、广告即媒体及广告即时间三个阶段。

广告即信息的第一阶段

在这一阶段，无论是广告的载体（即媒体）还是广告本身，都是很稀缺的。广告为沟通严重阻隔的受众提供了难得的信息，人们对广告的需求非常迫切。比如，1765 年，美国南卡罗莱纳州查尔斯顿市某份报纸上刊登的关于奴隶拍卖的广告，就是当时最重要的商业信息（不涉及道德评判）。再如，报纸初兴之时，纸张稀缺，迫使报纸出版商把密密麻麻的 6 磅铅字分成6栏，挤进9英寸×12英寸的版面中。以今天的眼光来看，根本谈不上任何阅读体验，但那时的人们趋之若鹜，视若珍宝，读得津津有味。

在这一阶段，广告和其他的内容并没有本质的区别，受众均将其视为重要的信息。

广告即媒体的第二阶段

在这一阶段，无论是广告的载体还是广告本身的数量都极大增长。但相比较而言，媒体的总体数量（包括报纸、电视、广播）还是有限的，而广告却陷入了信息爆炸的氛围之中。在这样的阶段，只有那些投放于优势媒体（订阅量、收视率、收听率占据前列）的广告才有可能得到关注，而在已经投放于优势媒体的广告中，只有构思精巧、设计精美的广告才有可能引爆市场。一个典型的例子是当初中央电视台的标王之战，如秦池酒业，成了央视标王后一夜成名，轰动市场。

在这一阶段，广告的成效取决于媒体的选择和创意的竞逐。

广告即时间的第三阶段

在这一阶段，互联网开始繁盛，媒体形式日趋多元，不可胜数的自媒体开始出现，同时信息越发趋于大爆炸。而更为本质的变化是，消费者的时间被无可逆转地碎片化了。广告想要吸引消费者的注意力越来越难，广告想要在消费者心智中留下永久记忆的可能性越来越小，绝大多数商品的生命周期越来越短。当然，这一阶段，广告事实上已经不是最初"广而告之"的内涵了，而是更为精准聚焦于小圈层、小社群。但为了表述方便，我们还是沿用"广告"一词来指代向消费者传达商品信息这一最基本的商业行为。

在这一阶段，广告的成效取决于对消费者时间的惨烈抢夺。只有抢到了消费者时间的广告才是有效的，也才能在本质上称为"广告"。

显然，我们当下所处的是"广告即时间"的第三阶段。那么，这一阶段，到底什么样的广告，采用何种形式呈现的广告，才能立足并制胜呢？

消费者心理的重大变化

广告界元老级巨擘克劳德·霍普金斯（Claude Hopkins）说过："广告人研究消费者，要试着把自己置于购物者的位置。他的成功很大程度上取决于做这件事，而不是做别的什么事。"

这句话说于八九十年前，但今天回味起来，依然正确无比。要判断什么样的广告形式是有效的，只能从当下的消费者的心理变化来加以研判。

那么，现在的消费者心理出现了什么样的重大变化了呢？

在"玩具思维"取代"工具思维"成为时代的主流趋势的大背景下，

消费者的消费心理也从"用户意识"转向了"玩家意识"（工具思维对应于用户，玩具思维对应于玩家），只有那些能够为消费者额外提供时尚、酷炫、新潮、好玩的情感体验的产品才有可能获得成功。

在用户意识下，消费者追求"完美"（Perfect），对产品的工具性性能精益求精；而在玩家意识下，消费者追求"玩美"（Playfect），即"好玩才完美"。

不附带好玩属性的产品压根就不能引发消费者的兴趣，性能即便再完美无瑕也得不到关注。

由此，我们看到了好玩的苹果手机击溃了功能非常好的诺基亚，酷炫但充满缺陷的特斯拉抢走了诸多老牌名车的风头；我们看到了以庄严肃穆著称的故宫开始卖萌，以静心修行闻名的南华禅寺凭借一个风趣的招聘广告风靡微信朋友圈。

这样的例子不胜枚举。当消费者的玩家意识成为大势所趋，广告又何尝能置身事外呢？

好玩才是方法论

要想赢得受众注意力的时间竞赛，广告必须好玩。这就是现阶段以及未来很长一段时间的基本方法论。而从形式上来看，则是螺旋式上升的广

第18章
重新定义广告：受众注意力的时间竞赛

告与内容的"合二为一"。

具体来说，在广告的第一阶段，广告与其他信息并无区别，属于一体。

在广告的第二阶段，广告与其他内容则"一分为二"了。我们看到报纸上有新闻版面和广告版面，这是空间意义的区隔，电视上有栏目时段和广告时段，这是时间意义上的区隔。通过时空的区隔，广告被明显地呈现出来，以示区别。

但是，到了广告的第三阶段，广告则必须与载体本身融合，合而为一个完整的整体，才有可能获取消费者的注意力。那种再将广告与内容完全割裂的方式，无异于自寻死路。

消费者的碎片化时间本来就不够用了，首先剔除的当然是堂而皇之出现的广告了。这也正是像 TiVo 这类能够帮助用户略过插入电视剧中的广告的设备得以出现的心理动因。

事实上，一切广告都是植入式广告，只是植入的方式有软硬之分。

第二阶段的广告，属于强行植入的硬广告，而到了第三阶段，只有隐性植入的软广告才有存在的可能。

就争夺消费者的注意力而言，巧取已经取代豪夺，成为最新的主流趋势。

揭秘《奇葩说》

接下来，我们来看几个具体的案例。

将广告与内容合二为一，融为一体的典范是《奇葩说》这档网络娱乐脱口秀节目。《奇葩说》以马东、金星、蔡康永等大咖为主导，带动一帮小V，就热门话题斗嘴搞辩论。就是这样一档节目，第一季的总播放量达2.6亿次，广告冠名超5 000万元。第二季未开播前广告投放超过亿元，前4期节目播放量就过亿次。

这样的骄人数字让很多业界人士艳羡不已。《奇葩说》到底是如何做到热度与盈利双丰收的呢？

第一，《奇葩说》用一种有趣好玩的方式来呈现广告，并完全融入节目之中。

在《奇葩说》中，主持人和嘉宾在话语中频频提及广告。如果将事关广告的部分全部删去，整期节目就会支离破碎，惨不忍睹。这和传统电视节目或视频节目的广告采用时段区隔的呈现方式截然不同。

比如，马东在第二季第一期节目中，一开场就拉起了家常：

我最近下载了一个"有范"，我发现你能在上面找到我这种衣服的搭配，给别人提建议，有可能还开创你自己的商业生涯，欢迎大家下载"有范"。

第 18 章
重新定义广告：受众注意力的时间竞赛

很自然地就把广告内容——"有范"App 推了出来，甚至很多观众刚开始时根本没意识到这是一个广告，直到"有范"频频在节目中被提及才发觉。

再如，在另一期节目中，辩论环节结束后，在等待投票结果的时候，马东见缝插针：

我给大家分享我的职场故事，我在两个伟大的单位工作过。第一个叫中央电视台，伟大之处我就别多说了。第二个单位叫爱奇艺，它在 5 年内走到了整个行业的领先位置上，伟大之处也不用我多说。两个如此伟大的单位，我仔细回想，他们的共同点有什么呢？我觉得有三点。

这个时候，所有人的注意力都被马东吸引了，以为他说出一番含金量极高的人生感悟来，没想到随之而来的是含金量极高的广告。马东继续一本正经地说：

第一，是一种喝了就能愉快聊天的雅哈咖啡（这个反差太大了，顿时引发全场狂笑）；第二，他们可以无限量地满足你一吃就变逗 B 的 MM 豆。

说到这里，尽管大家都已经知道马东必然要说的是第三个广告，但大家依然期待他说完，因为非此不完整完美。于是大家静静地等马东念完第三个广告：

第三，这两个伟大的单位门口，都停着非常多的狂拽酷霸屌炸天的东风标致 308S。

而这样广告形态也潜移默化地影响到了嘉宾。比如，在 2015 年 9 月 12 日这期节目里，马东问嘉宾吴莫愁为什么要在鼻子上戴一个饰品？吴莫愁傲娇地回答说："有范啊！Ok？"这样的对答，显然是无缝的植入式广告，你根本不可能将广告与所谓的节目内容区隔开来。

第二，节目中很多次广告的呈现都是即时即兴之作，其应景性和巧妙性大出观众的意料。

主持人马东特别善于抓住现场辩论中电光火石般一闪而过的话头，将其巧妙地与广告链接起来。这往往是出其不意的，自然会比事先设定好的僵化版本更容易超越观众的预期，从而赢得他们更多的期待。

比如，有期节目中不知怎么就聊到了在电梯里放屁的话题。这本是很尴尬的一个话题。主持人金星和蔡康永只能说"如果是有声音的，大方承认就 OK 了。"这是一个中规中矩的回应，而马东却硬是将这个不是由头的由头转化成了广告的跳板："我在想，我要是遇到这种事，也确实好像只有承认啊，但我会把它说得冠冕堂皇一些。比如说'呃……对不起，我刚刚的行为真的不是一个很有范儿的事情'。"马东巧妙地把"有范"推了出来，引发了场上一片笑声。但这还不算完，马东继续说广告："我送你们在座每人一箱国际抗饿大品牌谷粒多燕麦牛奶，就当赔罪吧。"说完之后，还故意昭告天下般地笑着说："我估计这期的广告费是收不到了！"

第三，充分发挥字幕及表情包的搞笑、搞怪作用，强化节目效果或弥补主持人及嘉宾话语中未点透的含义。

也就是说，字幕也是节目的有效组成部分。这些手段的综合运用，使得《奇葩说》变得非常好玩，融入其中的广告自然也就得以在大雅之堂尽情呈现了。

上述第二点特别提及了马东独特的临场应变能力。这种巧妙链接内容和广告的方式足以让受众充满期待。这一方式不但体现在《奇葩说》这类视频节目上（时间性），也可以体现在微信公众号的文章上（空间性），二者确实是异曲同工的。

再如，微信公众号"六神磊磊读金庸"在其正文之末，有时会配有广告。那么，正文与广告的衔接与过渡就很重要了。如果两者明显是拉郎配式的不搭，读者会很轻易就跳过不看了，广告效果为零。但如果广告能与正文巧妙结合，反而会给读者以愉悦之感。

例如，六神磊磊在某一篇文章中写了刘国梁和孔令辉的友谊以及金庸江湖上的几个为朋友两肋插刀的故事，然后总结说："哪怕你遗忘了我，我也誓死守护你的秘密。"随即笔头一转，写道："今天的人有了更多的秘密了，光是一部电话里就有许多私人信息，泄密的风险也多得多了。我们到哪里去找这样安全、守口如瓶的好朋友？"顺势而下，他就推出了广告："有的，它就是——内置安全加密芯片的金立超级续航手机 M6 | M6 Plus。"

六神磊磊的处理方式实质上也是"合二为一"的广告软性植入，这自然会引发读者强烈的预期，始终要看看下一篇文章中的正文与广告将会如何地结合。这就把读者的注意力给牢牢抓住了。

两大制约因素

最后还有一个问题：在现阶段，遵循上述方法论来做广告，是否自然就会点击频频、财源滚滚呢？

显然不那么简单。我们必须看到两种制约因素。

其一，节目本身的质量至关重要。小S复出后的娱乐节目《姐姐好饿》就是一个差评如潮的失败案例。尽管受《奇葩说》等视频节目火爆的影响，《姐姐好饿》的关注度也极高，但开播后，人们却非常失望。因为小S还是运用了她当年和蔡康永搭档《康熙来了》的惯用套路，对第一期嘉宾黄渤摸胸捏臀，用出格的肢体语言及话语进行挑逗、出难题等。但可惜的是，这些都是人们司空见惯的，毫无新鲜感。小S的临场发挥也没有像马东那样机智巧妙地串接起广告。这样，节目就不好玩了。皮毛是一体的，广告特别是日后的广告效果自然也好不到哪里去。

其二，广告的提及不可过于泛滥。这在《奇葩说》后期的节目中也出现了。主持人及嘉宾过多地念广告，过犹不及，观众听多了，就不新鲜了，也就不好玩了。

现阶段我们重新定义广告，其最为重要的核心本质就是广告要好玩，要始终体现并满足消费者的玩家意识。我们必须牢牢记住：不新鲜就不好玩，缺乏神秘感就缺乏期待感。

北京阅想时代文化发展有限责任公司为中国人民大学出版社有限公司下属的商业新知事业部，致力于经管类优秀出版物（外版书为主）的策划及出版，主要涉及经济管理、金融、投资理财、心理学、成功励志、生活等出版领域，下设"阅想·商业""阅想·财富""阅想·新知""阅想·心理""阅想·生活"以及"阅想·人文"等多条产品线。致力于为国内商业人士提供涵盖先进、前沿的管理理念和思想的专业类图书和趋势类图书，同时也为满足商业人士的内心诉求，打造一系列提倡心理和生活健康的心理学图书和生活管理类图书。

阅想·商业

《99%的销售指标都用错了：破解销售管理的密码》

- 国际公认的销售管理培训大师呕心之作。
- 彻底颠覆销售管理的传统观念。
- 帮助企业走出销售管理误区，让销售重归正途。

《敏捷销售：从菜鸟到顶级销售的精进训练》

- 客户包含IBM、微软、埃森哲、希尔顿等知名企业的美国销售策略专家的超越之作！全美大受欢迎！作者的处女作即被《财富》杂志评选为销售人士的必读书籍。18个策略，18个技巧，18个习惯，全是干货！适合所有"段位"的销售人士阅读。
- 身处如今复杂多变商业环境，快速学习、及时响应、机智灵敏、把握稍纵即逝的机遇，对销售人士而言是必不可少的特征。